Praxiserprobte **Gartenprojekte**

Emil-Hoffmann-Straße 1
D-50996 Köln
Autor: Hans-Werner Bastian
Mitarbeit: Peter Himmelhuber
Gesamtherstellung: Naumann & Göbel Verlagsgesellschaft mbH, Köln

ISBN 978-3-625-12107-7

www.naumann-goebel.de

Praxiserprobte **Gartenprojekte**

Die besten Ideen
für die Gartengestaltung

Inhalt

Vorwort

Verschönern Sie Ihren Garten!
Bauen Sie die neue Holzterrasse,
die Sie sich schon lange wünschen.
Vielleicht soll auch ein Teich mit
Wasserfall angelegt werden.
Diese und viele andere attraktive
Gartenprojekte präsentiert dieses
Buch mit detaillierten Anleitungen,
die das Nachbauen erleichtern.

Terrassen und Wege pflastern

Materialkunde Pflastersteine

Arbeitstechniken bei Pflasterarbeiten

Terrasse aus Klinkersteinen

Materialmix beim Pflastern

Wege im Garten pflastern

Treppen im Garten anlegen

Materialkunde Pflastersteine

Gepflasterte Wege und Plätze im Garten erschließen das Grundstück. Steine als Bodenbelag sind dauerhaft und sicher zu begehen

Solange der Mensch mit Natursteinen und Ziegeln Häuser baut, solange benutzt er diese Materialien auch schon, um damit dauerhaft Wege und Plätze zu befestigen.

Am Anfang wurden große Kieselsteine oder Bruchplatten von Geröllhalden, so wie sie waren, ins Erdreich gelegt und zu einem einigermaßen ebenmäßigen Pflaster ausgerichtet.

Später hat man Natursteine behauen, um ihnen weitgehend gleiche Form zu verleihen, oder man hat gebrannte Ziegel verwendet, die annähernd gleiche Maße aufwiesen.

Natursteine

Bei den Natursteinen unterscheidet man zwei Gruppen. Zunächst sind die sogenannten Hartgesteine zu nennen. Dazu gehören Granit, Porphyr, Gneis, Basalt oder Quarzit. In Steinbrüchen wird dieses Material gewonnen und dann zu verschiedenen Platten- und Pflasterformaten zurechtgehauen. Zur zweiten Gruppe gehören die Weichgesteine wie Kalk- oder Sandstein. Dieses Material wird in die gewünschten Formate zersägt. Aufgrund der wesentlich höheren Belastbarkeit stehen Hartgesteine als Pflastermaterial absolut im Vordergrund.

Natursteine weisen immer gewisse Maßtoleranzen auf und sind daher schwieriger zu verlegen als genormte Klinker- oder Betonsteine. Diese Unregelmäßigkeit macht aber gerade die Attraktivität aus.

Im Handel unterscheidet man zwischen Groß-, Klein- und Mosaikpflastersteinen. Die bei Großpflaster gängigen Größen sind: 13/15, 15/17 und 17/19 cm.

Vor dem Einschlämmen des Fugensands lassen sich letzte Korrekturen am Fugenverlauf vornehmen. Dazu benutzt man Kelle oder Spaten

Die Kombination verschiedener Verlegemuster macht das Naturpflaster lebendig

Ein Großpflasterstein aus Basalt.

In klassischer Weise verlegtes Kleinpflaster aus Quarz-Porphyr

Der Fachmann bezeichnet damit Natursteinwürfel mit Kantenlängen von ca. 14, 16 oder 18 cm. Nach oben und unten variieren die angegebenen Kantenlängen der Steine dabei um maximal 1 cm.

Bei Kleinpflaster werden die Formate 9/11, 8/10, 8/11, 7/9 und 7/10 cm angeboten. Bei Mosaikpflaster sind die Größen 6/8, 5/7, 4/6 und 3/5 cm handelsüblich.

Pflasterklinker

Neben normalen Ziegeln werden zum Pflastern vor allem Klinker verwendet. Klinker sind wie Ziegel aus Ton gebrannt. Das Rohmaterial wird allerdings verdichtet und bei besonders hohen Temperaturen von über 1100 °C gebrannt. Dabei sintert der Ton, d. h., er schmilzt, und es entsteht ein sehr harter, biegezugfester, frost- und säurebeständiger Stein.

Pflasterklinker sind sehr maßhaltig. Im Handel werden die verschiedensten Formate angeboten. Stan-

Verschiedene Natursteinpflaster im Überblick: ***1*** *Basalt,* ***2*** *Grauwacke,* ***3*** *Metten Quarz-Porphyr,* ***4*** *Granit Portugal,* ***5*** *Granit hellgrau geflammt,* ***6*** *Granit grau rötlich,* ***7*** *Granit dunkelgrau,* ***8*** *Schwedischrot,* ***9*** *Andesit schwarz,* ***10*** *Grauwacke neu,* ***11*** *Carrara Marmor*

Der Rohstoff Ton und das Fertigprodukt Klinker. Die Steine sind absolut frostsicher

Weitere Formate sind 5 bzw. 5,7 cm breite Riegel, kleine Mosaiksteine mit 5,2 cm Kantenlänge und 5,2 cm dicke Platten der Maße 15 x 15 cm bzw. 24 x 24 cm.

Pflasterklinker werden heute in den verschiedensten Formaten angeboten

dardgrößen sind z. B. 10 x 20 cm, 10 x 10 cm sowie 24 x 11,8 cm und 11,8 x 11,8 cm. Dabei sind wahlweise Dicken von 4,5 cm, 5,2 cm, 6,2 cm oder 7,1 cm erhältlich. Den gebräuchlichsten Stein der Größe 20 x 10 cm gibt es zusätzlich auch in 80 mm Dicke für besonders stark beanspruchte Pflasterflächen.

Betonpflastersteine gibt es in verschiedenen Formen und Farbtönen. Auch die changierenden Töne gebrannter Klinker lassen sich täuschend echt nachahmen. Die verschiedensten Verlegemuster sind möglich

Gartenweg aus roten Betonsteinen

Für die individuelle Verlegung stehen zudem Ecksteine, Kreissteine und viele weitere Formsteine zur Verfügung. Die Farben variieren bei Pflasterklinkern in den verschiedensten Rot-, Gelb- und Brauntönen. Je nach Herkunft des Tons sind sogar blaue Farbtöne möglich. Klinker harmonieren sehr gut mit Natursteinen.

Betonpflastersteine

Sogenanntes Verbundpflaster aus grauen Betonsteinen wird vor allem zur preiswerten Befestigung großer Flächen im öffentlichen Bereich genutzt. Der private Bauherr greift heute eher auf die verschiedensten Sonderprodukte aus Beton zurück, die in vieler Hinsicht den Vergleich mit Natursteinen nicht zu scheuen brauchen.

Man benutzt für die Herstellung des Betons verschiedenfarbige Sände und Zementmischungen. Außerdem

Unterschiedliche Steine lassen sich hervorragend kombinieren. Hier ein Beispiel mit Pflasterklinkern und Natursteinen

lassen sich UV-beständige und dauerhafte Eisenoxidfarben zumischen. Besonders hochwertige Steine entstehen, wenn man Zusätze aus Naturstein in den Beton gibt oder Feinsplitt aus Hartgestein in die Oberfläche einbaut. Werden solche Steine dann gestrahlt, geschliffen oder strukturiert, entstehen ausgesprochen edle Pflastersteine.

Der große Vorteil von Betonprodukten besteht darin, dass sich die verschiedensten Formen realisieren lassen. Der Handel bietet Steinprogramme, bei denen vom kleinsten Mosaikstein bis hin zur großen Verlegeplatte oder zur Palisade alle Produkte den gleichen Farbton bzw. die gleiche Oberfläche aufweisen. So kann bei der Außengestaltung ein einheitliches Erscheinungsbild erzielt werden. Auch die Kombination mit Natursteinen oder Klinkern ist reizvoll.

Materialien für den Unterbau und die Pflasterfugen

Man unterscheidet gebrochene Materialien (Schotter und Splitt) von ungebrochenen Materialien (Kies und Sand). Kies oder Schotter benutzt man für den Unterbau von Pflasterungen.

Feiner Splitt oder Sand kommen beim Verfugen der Beläge zum Einsatz.

Um natürliche Ressourcen zu schonen, wird für den Unterbau immer häufiger sogenanntes Recycling-Material verwendet. Schredderanlagen zerkleinern geeignete alte Baustoffe auf die jeweils gewünschte Größe.

Arbeitstechniken bei Pflasterarbeiten

Wer in Eigenleistung Gartenwege und Terrassen pflastern möchte, muss schon kräftig zupacken können. Die Techniken sind aber schnell erlernt

An erster Stelle stehen beim Pflastern Erdarbeiten. In der Regel muss Mutterboden abgetragen werden, um anschließend einen stabilen Unterbau sowie eine wasserdurchlässige Tragschicht einbringen zu können. Bei kleineren Arbeiten kommt man mit einer Kreuzhacke, einem Spaten, einer Schaufel und einer Schubkarre aus, um die notwendigen Erdbewegungen durchzuführen. Doch schon bei einem Weg von 10 m Länge und 1 m Breite müssen bei 40 cm tiefer Auskofferung rund vier Kubikmeter

Stein ist ein sprichwörtlich hartes Material. Zum Brechen und Trennen brauchen Sie Spezialwerkzeuge

Für größere Erdbewegungen kann man einen solchen Kleinbagger einsetzen

Erde ausgehoben werden. Umgekehrt ist dann das Material für Unterbau und Bettung der Pflastersteine einzubringen, zu verdichten und zu planieren. Hier gilt es, sehr genau zu überlegen, was man sich an solcher „Knochenarbeit" zutrauen und zumuten kann. Wann immer es die örtlichen Gegebenheiten erlauben, sollte man versuchen, Maschinenkraft einzusetzen. Es gibt beispielsweise Mini-Bagger und kleine Planierraupen, die auch durch schmale Einfahrten passen und in wenigen Minuten so viel Erde bewegen, wie man mit reiner Muskelkraft nur in Stunden schafft. Solche Maschinen kann man leihen und selbst bedienen oder mitsamt Fahrer zu festen Stundenpreisen mieten.

Ebenfalls mieten lassen sich Rüttelplatten, die man zum Verdichten des Unterbaus und zum Abrütteln des fertigen Pflasterbelags benötigt. Kleine Rüttelplatten lassen sich problemlos in jedem Kombi transportieren. Übers Wochenende gibt es häufig besonders günstige Mietpreise.

Abstecken, Messen und Nivellieren der Pflasterfläche

Was man unbedingt benötigt, sind mehrere angespitzte Eisenstangen (Schnureisen), die man ins Erdreich rammt, um daran Schnüre für das Markieren von Fluchten und Höhen zu befestigen. Werden Höhen auf kurze Distanz übertragen, arbeitet man am besten mit der Wasserwaage oder einem Richtscheit und aufgelegter Wasserwaage.

Exaktes Arbeiten

In die Bettung gelegte Rohre dienen als Lehre zum Abziehen. Mit der Wasserwaage die richtige Lage kontrollieren

Der Pflasterhammer: Seine gebogene Spitze dient zum Verdichten der Bettung unter Platten oder Natursteinen

Bei größeren Distanzen kommen die Schlauchwaage oder der heute schon recht preiswerte Baulaser zum Einsatz.

Die Pflasterprofis benutzen auch den sogenannten Theodoliten, ein optisches Messgerät, mit dem sich von einem zentralen Messpunkt aus höhengleiche Punkte festlegen lassen. Beim Nivellieren von Sand- oder Splittbettungen verwendet man in der Regel gerade Kanthölzer, Bretter oder Richtscheite aus Aluminium. Am besten legt man verzinkte Wasserrohre als Lehren in die Bettung und zieht das Material darüber ab.

Hilfsmittel zum Klopfen und Schlagen

Bei der klassischen Verlegetechnik klopft man die Pflastersteine einzeln ins Sandbett. Hierzu eignet sich ein Gummihammer. Profis arbeiten mit dem traditionellen Pflasterhammer, mit dessen scharfer Seite sich die Bettung unter einem Stein oder einer Platte verdichten lässt.

Hat man sich dagegen für maßgleiche Pflasterklinker oder Betonpflaster entschieden, werden die Steine nur lose auf der Bettung ausgelegt und erst nach dem Verfugen als gesamte Fläche abgerüttelt.

Arbeitsschritte

1 Ein gerades Brett kann zum Abziehen verwendet werden. Sind die Ränder erhöht, wird das Brett ausgeklinkt

2 Zum Anklopfen von Steinen mit empfindlichen Oberflächen nimmt man einen Fäustel mit Gummikappe

3 Mit der Richtlatte werden die Fluchten kontrolliert. Mit leichten Gegenschlägen kann man die Steine ausrichten

4 Die Verdichtung erfolgt per Rüttelplatte. Ein exzentrisch bewegtes Gewicht erzeugt den Druck aufs Erdreich

Die Schlauchwaage zeigt höhengleiche Punkte an

Werkzeuge zum Verfugen und Abrütteln

Um das Fugenmaterial einzuarbeiten, brauchen Sie einen groben Besen sowie einen Wasserschlauch zum Einschlämmen.

Bei kleinen Flächen genügt ein Handstampfer, um die Steine fest in die Bettung zu drücken. Meist empfiehlt sich aber der Einsatz der Rüttelplatte, die mit größerer Energie arbeitet und vor allem den Druck gleichmäßig auf eine große Fläche verteilt und damit letzte Unebenheiten beim Verlegen ausgleicht.

Hier wird genau nach Plan gearbeitet. Bei aufwändigeren Verlegemustern wie dem gezeigten müssen immer wieder Passsteine hergestellt werden, um Lücken in Winkelbereichen zu füllen

Passsteine herstellen

In den seltensten Fällen kann man bei Pflasterarbeiten nur mit ganzen Steinen arbeiten. Fast immer sind im Randbereich oder bei Anschlüssen an andere Flächen Passsteine erforderlich. Mit einem scharfen Meißel können Sie viele Steine einigermaßen sauber per Hand trennen.

Profis verwenden auch einen Steinbrecher, der die Steine zwischen zwei Hartmetallschneiden sauber „knackt". Sehr schnell und relativ exakt arbeitet ein Zweihandwinkelschleifer, bestückt mit einer Diamantscheibe für Trockenschnitt.

Bei der Arbeit mit einem solchen Winkelschleifer sollte man sich die Mühe machen, den Stein beispielsweise mit einer stabilen Schraubzwinge auf einer Baudiele zu fixieren. Am saubersten und präzisesten schneidet man Pflastersteine allerdings mit einer stationären Nassschneidemaschine. Solche Geräte können bei Firmen für Werkzeugverleih gemietet werden. Auch einige Baustoffhändler und große Anbieter von Pflastersteinen verleihen Nassschneider.

Wenn man nur einige wenige Passsteine benötigt, kann man sich diese Steine auch anzeichnen und direkt beim Materiallieferanten auf Maß zuschneiden lassen.

Wichtig bei allen Trenn- und Schneidearbeiten: die Sicherheitsvorschriften beachten! Kinder dürfen sich nicht in der Nähe der Maschinen aufhalten.

Vom Unterbau zum fertigen Pflasterbelag

Zu den ersten Vorarbeiten gehören das Einmessen und das Abstecken der zu pflasternden Flächen. Die Umrisse sollten zuvor auf einem maßstabsgerechten Plan der Außenanlagen eingezeichnet worden sein. Diesen Plan übertragen Sie dann aufs Gelände. Was die Höhe des Pflasters angeht, gibt es immer Bezugspunkte, an denen man sich zu orientieren hat. Terrassenhöhen richten sich nach den Austrittshöhen der Türen. Wege, die zum Haus führen, müssen ebenfalls die Höhen von Türen berücksichtigen bzw. die Höhen von Terrassen oder Podesten, an die sie sich anschließen sollen.

Mit gespannten Schnüren Fluchten markieren

Im rechten Winkel versetzte Ränder von Wegen oder Terrassen werden mit Pflöcken und Schnüren markiert (A). Bei kreisförmigem Randverlauf ermittelt man den Mittelpunkt und schlägt den Kreis mit Hilfe einer Schnur (B).

Ein geschwungener Weg: Die geraden Linien müssen die durchlaufende Flucht stets im rechten Winkel schneiden (C).

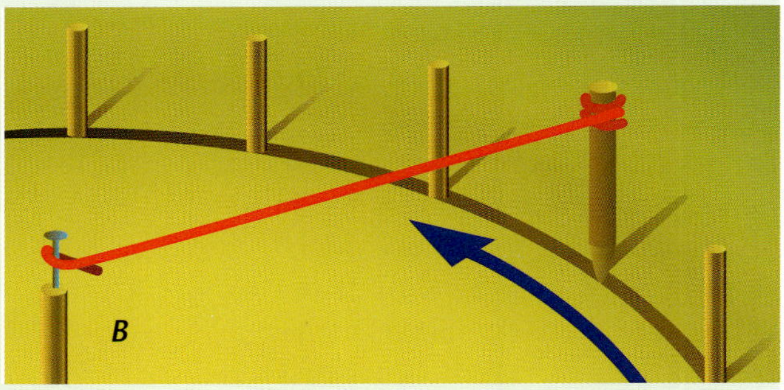

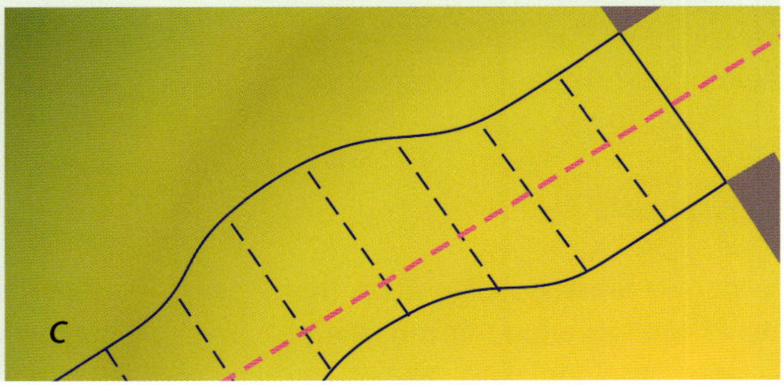

Wege im Gelände abstecken

Bei geradlinigen Wegeverläufen genügt es, die Außenecken abzustecken. Schlagen Sie zunächst außerhalb der Pflasterflächen Schnureisen ein, an denen Sie die Richtschnüre befestigen. Dann werden die Außenecken der Flächen durch etwa 50 cm lange, unten angespitzte Holzpflöcke markiert. Wenn Sie zuvor die Richtschnüre mit der Schlauchwaage in der Höhe exakt ausgerichtet haben, lassen sich die Pflöcke leicht in die korrekte Position bringen und bis auf Höhe des Pflasters einschlagen.

Sind vor dem Pflastern größere Aushubarbeiten erforderlich, ist es sinnvoll, die Holzpflöcke in einem definierten Abstand zu den späteren Pflasterflächen einzuschlagen. Sie haben anschließend eine genaue Markierung des Weges mitsamt Höhenverlauf. Wenn Sie eine 2 m lange Richtlatte aus Alu besitzen, sollten Sie die Holzpflöcke auf etwas weniger als 2 m Entfernung voneinander platzieren. Später lassen sich dann alle Markierungspunkte durch Auflegen der Richtlatte miteinander verbinden. Die Zeichnungen auf Seite 20 zeigen, wie man Wege mit geradlinigen, aber versetzten Rändern oder kreisförmige Flächen bzw. geschwungene Wege markiert.

Der richtige Unterbau fürs Pflaster

Zwei Grundanforderungen werden an den Unterbau einer Pflasterfläche gestellt: Er muss tragfähig und er muss wasserdurchlässig sein. Deshalb besteht er aus einer verdichteten, aber dennoch porösen Schicht aus grobem Steinmaterial. Um die Steine exakt ausrichten zu können, kommt auf diese Tragschicht eine Bettung aus Sand oder feinem Splitt. Wie aufwändig Sie den Unterbau Ihres Pflasters vorbereiten müssen, hängt von den späteren Belastungen und den Ansprüchen an die Maßhaltigkeit ab. Im einfachsten Fall verlegt man Steine oder Platten in einem dünnen Sandbett direkt auf dem gewachsenen Boden. Für unbelastete Gartenwege reicht das oftmals aus. Bereiten Profis den Unterbau für eine stark belastete Pflasterfläche fachgerecht vor, wird dagegen ein mehrschichtiger Aufbau realisiert, wie ihn die Grafik unten zeigt.

Denken Sie daran, dass der Unterbau an den Rändern stets etwa 10 cm über die Pflasterflächen hinausragen

Ein einfacher Unterbau: Über der Tragschicht aus grobem Material liegt eine dünne Sandschicht als Bettung der Platten

Die Randbefestigung der Pflasterfläche

Bei Stellplätzen und Einfahrten werden häufig speziell für diesen Zweck angefertigte Randsteine im Mörtelbett versetzt (A).

Bei einfachen Gartenwegen dagegen muss der Rand nicht unbedingt befestigt werden (B).

Eine Randbefestigung des Pflasters durch eine Rückenstütze aus Mörtel ist eine weitere mögliche Variante (C).

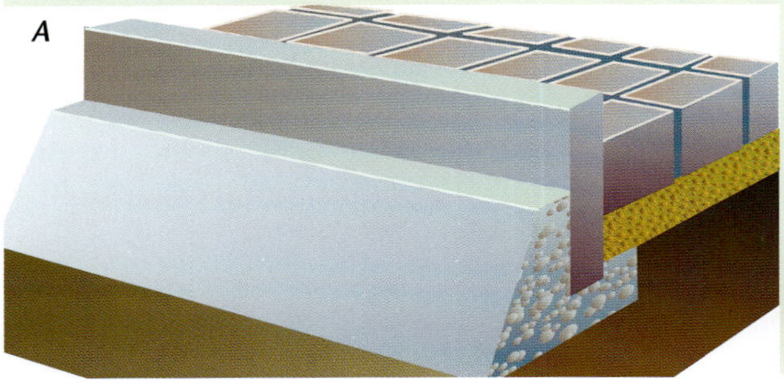

muss, um ein seitliches Abkippen des Belags zu vermeiden. Der verwendete Grobkies oder Schotter bzw. das heute häufig eingesetzte Recycling-Material wird immer lagenweise eingebracht und dann mit dem Rüttler gut verdichtet. So vermeiden Sie spätere Setzungen.

Entwässerung und Dränage des Pflasters

Das Oberflächenwasser soll bei Terrassen und Einfahrten immer vom Haus weg fließen. Bei gepflasterten Wegen wird es stets zu den Seiten geleitet. Man empfiehlt ein durchschnittliches Gefälle von 1,5 bis 2 %, was 1,5 bis 2 cm auf einen Meter entspricht. Bereits der Unterbau muss mit dem vorgesehenen Gefälle eingebracht und verdichtet werden. Die Sand- oder Splittschicht der Bettung darf nämlich nicht mehr zum Nivellieren der Pflasterfläche benutzt werden. Unterschiedlich hohe Bettungsschichten führen zwangsläufig zu Setzungen und späteren Unebenheiten des Pflasters. Wenn das Oberflächenwasser nicht von den seitlichen unbefestigten Flächen aufgenommen werden kann, muss man für eine Entwässerung hin zum Kanalsystem sorgen. Läuft das Wasser aufgrund des Gefälles punktförmig zusammen, wird eine Senke ins Pflaster eingebaut. Bei Einfahrten wählt man dagegen häufig eine linienförmige Entwässerung, bei der man schmale Entwässerungsrinnen über die gesamte Breite einbaut. Hierin fließt das Wasser dann seitlich zu einem installierten Fallrohr ab. Die Kanalrohre für die Entwässerung müssen natürlich vor Einbringen des Unterbaus frostfrei im Sandbett verlegt werden.

Stabile Randbefestigungen herstellen

Außer bei wenig belasteten Gartenwegen empfiehlt es sich grundsätzlich, die äußeren Ränder von Pflasterflächen so zu befestigen, dass die Steine nicht zu den Seiten hin kippen oder wegrutschen. Wie bereits angesprochen, muss der Unterbau des Pflasters über den späteren Rand hinausragen, um Stabilität der Seiten zu garantieren. Zusätzlich empfiehlt

Natursteine verlegen

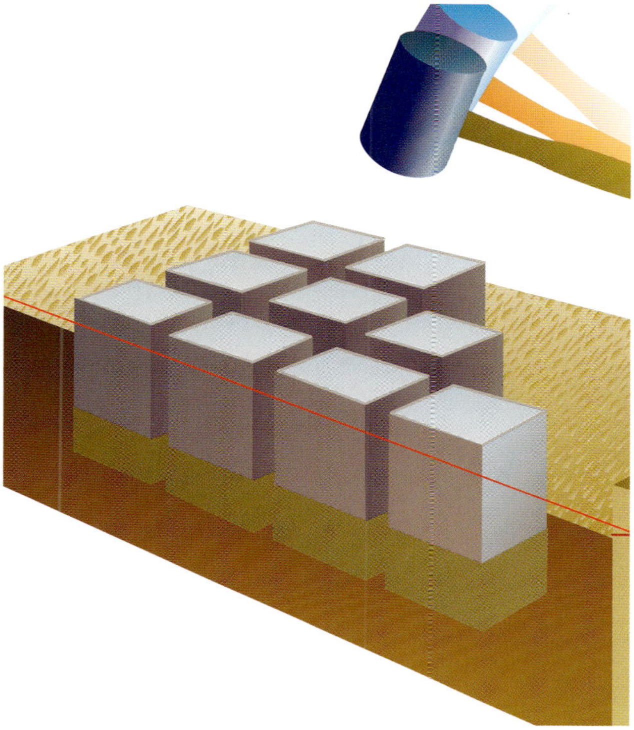

1 Natursteine klopft man einzeln ins Sandbett. Man setzt sie etwa 15 mm höher, als das Endniveau beträgt

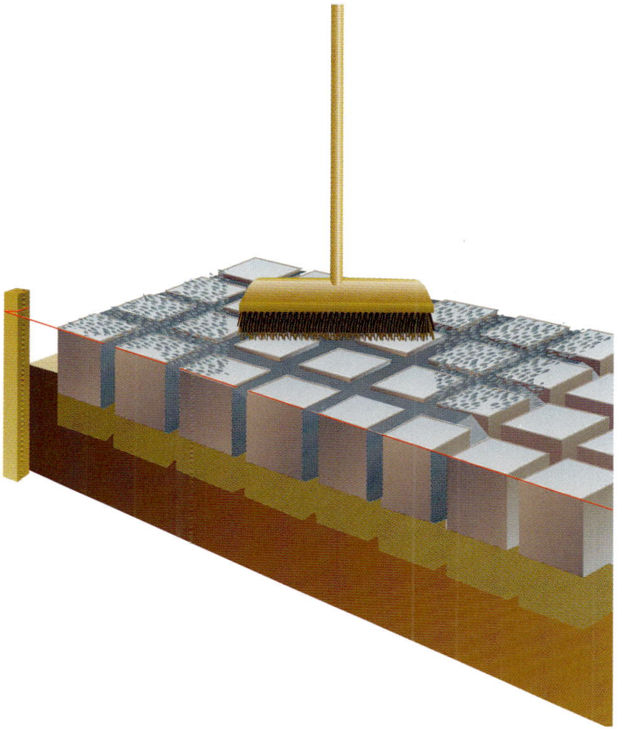

2 Fugensand stabilisiert den Pflasterbelag. Er wird mit einem Besen diagonal in die Fugen eingearbeitet

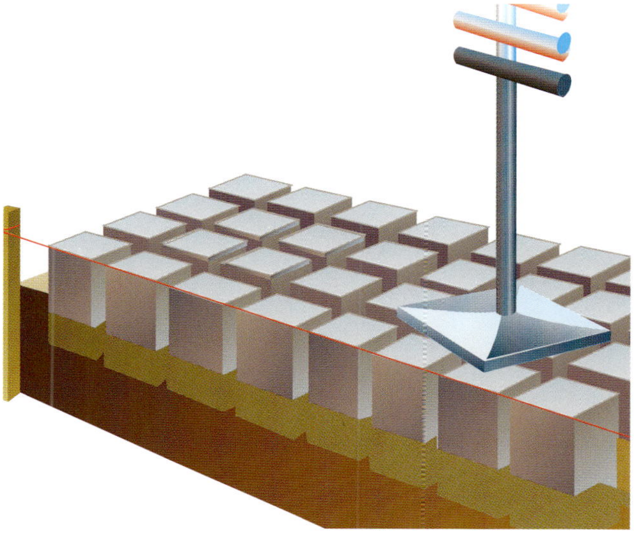

3 Zuletzt verdichtet und egalisiert man den Belag mithilfe des Handstampfers oder einem Rüttler

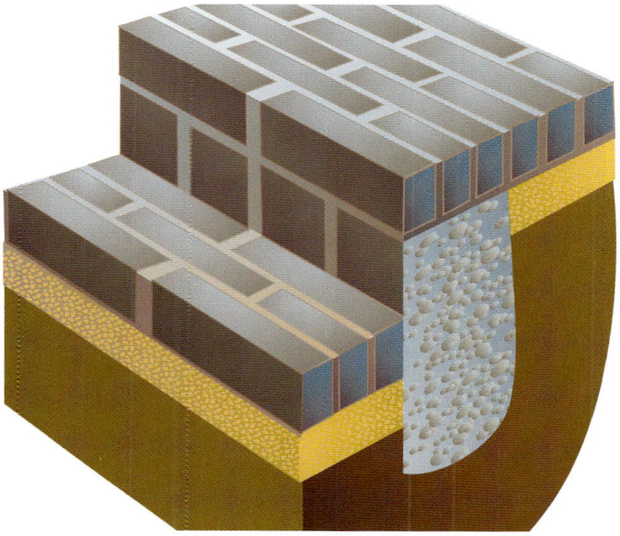

4 Hier wurde eine Treppe gebaut. Die Konstruktion besteht komplett aus hochkant verlegten Pflastersteinen

Betonpflaster verlegen

1 Wird mit Betonpflastersteinen gearbeitet, verdichtet man zuerst die Tragschicht für den Belag mit dem Rüttler

2 Anschließend wird die Bettung auf die vorbereitete Fläche aufgebracht und mit einer Lehre exakt abgezogen

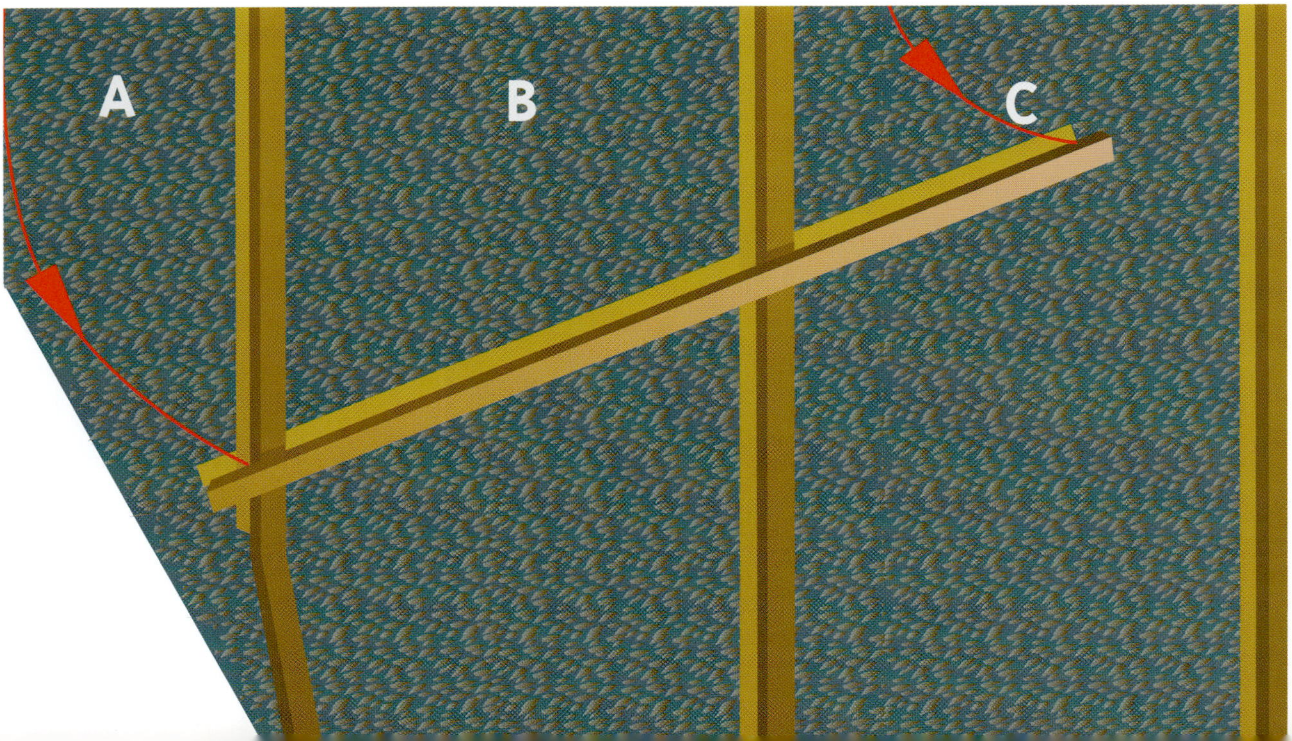

Betonpflaster verlegen

3 Die Steine lassen sich nun zu einer gleichmäßigen Fläche auslegen. Dann kann verfugt und abgerüttelt werden

es sich jedoch, eine sogenannte Rückenstütze aus Beton herzustellen. Dazu kratzt man die Bettungsschicht nach dem Verlegen der Steine vorsichtig bis auf die Tragschicht weg und bringt einen Streifen Magerbeton oder Mörtel ein. Die keilförmige Stütze sollte mindestens bis auf halbe Steinhöhe hochgezogen werden. Noch stabiler wird der Rand, wenn Sie die äußeren Steine direkt auf dem Unterbau im Mörtelbett verlegen. Das Randpflaster muss dann allerdings sehr sorgfältig in der Höhe ausgerichtet werden. Außerdem müssen die Abstände zu Hauswänden oder gegenüberliegenden Rändern genau abgemessen werden. Bei sorgfältiger Vorarbeit fällt Ihnen das Nivellieren der Bettung anschließend jedoch leichter. Man bringt den Sand oder Splitt ein und zieht ihn einfach über den vorbereiteten Rändern ab.

Die klassische Verlegemethode

Wenn man mit Natursteinen arbeitet, die sehr unterschiedliche Größen haben, muss man diese Differenzen ausgleichen, indem jeder Stein einzeln mit dem Hammer ins Sandbett geklopft wird.

Dabei orientiert man sich an einer Schnur, die nicht nur die Flucht markiert, sondern auch die Höhe des Fertigbelags. Die Steine sollen etwa 15 mm über das Fertigniveau hinausragen, da sie sich beim Abrütteln der Fläche bzw. beim Feststampfen des Pflasters noch entsprechend tief in die Bettung eindrücken.

Pflastern mit maßhaltigen Klinker- oder Betonsteinen

Pflasterklinker oder Betonpflastersteine weisen nur sehr geringe Maßtoleranzen auf. Zudem besitzen sie eine ebenmäßige Unterfläche. Daher bietet es sich beim Pflastern mit solchen Steinen an, die Bettung möglichst glatt abzuziehen und auch schon zu verdichten, ehe man die Steine dann lose auf dem so vorbereiteten Untergrund auslegt. Anschließend wird zur Stabilisierung der Steine Fugenmaterial eingefegt und die gesamte Fläche noch einmal mit der Rüttelplatte bearbeitet.

Gepflasterte Treppen und Podeste anlegen

Sobald das zu pflasternde Gelände Höhenunterschiede von mehr als 7 % aufweist, sollten Sie Stufen oder Podeste einplanen. Diese Abstufungen brauchen grundsätzlich einen Unterbau aus Beton. Unsere Zeichnungen zeigen einige Lösungsvorschläge.

Am einfachsten ist es, mit fertigen Blockstufen aus Beton zu arbeiten. Diese werden mit 1 bis 2 cm Kantenüberlappung verarbeitet. Am besten bereiten Sie den Unterbau so vor, dass die Stufen anschließend in ein dünnes Mörtelbett gesetzt werden.

Werden die Stufen aus Natursteinen, Klinkern oder Betonpflaster hergestellt, berechnet man die Stufenhöhe und die Auftrittstiefe nach der gängigen Faustformel: zwei Stufenhöhen plus eine Auftrittstiefe sollten etwa 65 cm ergeben. Bei einer Stufenhöhe von 12,5 cm ergibt sich demnach eine Auftrittstiefe von 40 cm.

Im Außenbereich sollten aus Gründen der Bequemlichkeit und sicheren Begehbarkeit Stufenhöhen von 15 cm nicht überschritten werden. Längere Treppen werden durch Podeste aufgelockert. Hier gilt die Regel: Das Schrittmaß von 65 cm plus eine Auftrittstiefe ergibt die Podestlänge.

Terrasse aus Klinkersteinen

Die hartgebrannten Klinker sehen gut aus, sind absolut dauerhaft und bieten auch bei Feuchtigkeit einen trittsicheren Bodenbelag

Treppenstufen müssen nicht immer gerade verlaufen, wie dieses Beispiel beweist. Mit Pflasterklinkern lassen sich solche Verschwenkungen leicht realisieren

Der Mutterboden im Bereich der Terrasse ist hier bereits abgetragen

Vor dem Haus lagern die angelieferten Paletten mit den Pflasterklinkern

Vor allem dort, wo traditionell Klinkersteine für den Hausbau gebrannt werden, versieht man häufig auch Wege und Terrassen mit dem natürlichen Pflasterbelag aus Ton.

Beim folgenden Verlegebeispiel erhält ein für den norddeutschen Bereich typisches Klinkerhaus eine Terrasse aus dem dazu passenden Pflastermaterial. Der Bauherr hat sich für das Standardformat von 200 x 100 mm bei 62 mm Klinkerdicke entschieden. Die rot geflammten Steine sollen im Fischgrätverband parallel zur Flucht des Hauses verlegt werden.

Im Randbereich sind bei diesem Verlegemuster halbe Steine erforderlich. Das erforderliche Material wird palettenweise angeliefert. Man sollte darauf achten, dass man es so lagert, dass die Wege zum Verlegebereich möglichst kurz sind.

Der Unterbau

Um den Unterbau für die Pflasterklinker fachgerecht vorzubereiten, wird zuerst der Mutterboden abgetragen und seitlich zur späteren

Der Unterbau

1 *Ein genauer Blick auf den vom Architekten erstellten Bauplan hilft beim Abstecken der Terrassenbegrenzungen*

2 *Ausgehend vom seitlichen Terrassenaustritt bestimmt man nun die Fertighöhen des späteren Pflasterbelags*

Der Unterbau

3 Mit Grobkies gleicht man Unebenheiten aus und stellt auf diese Weise auch einen tragfähigen Unterbau her

4 Lagenweises Abrütteln des Unterbaus verdichtet und ebnet die Fläche. So entsteht das nötige Grobplanum

5 Im nächsten Schritt muss der Abstand der Randeinfassung zur angrenzenden Hauswand ermittelt werden

6 Im Bereich der Randeinfassungen muss man den Unterbau nochmals verdichten

7 Damit die Randklinker einen stabilen Unterbau erhalten, wird in diesem Bereich erdfeuchter Mörtel aufgebracht

8 Unter Zuhilfenahme einer gespannten Richtschnur wird das Mörtelbett auf die erforderliche Höhe abgezogen

Der Unterbau

9 *Ist das Mörtelbett komplett vorbereitet, kann der erste Stein hochkant ins Mörtelbett gedrückt werden*

10 *Beim exakten Ausrichten des ersten und aller folgenden Randsteine helfen Wasserwaage und Richtschnur*

11 *Jetzt kommt der Pflasterhammer zum Einsatz. Einen Stein nach dem anderen klopft man nun fest*

12 *Auch wenn alles gerade aussieht – das Augenmaß kann täuschen. Immer wieder die Wasserwaage anlegen!*

13 *Mit der quer aufgelegten Wasserwaage kann man letzte Unregelmäßigkeiten der Randsteine exakt korrigieren*

14 *Der Mörtel muss nun ein wenig anziehen. Dann können die Steine verfugt werden. Verwenden Sie hierzu das Fugeisen*

Der Unterbau

15 *Ist die Randeinfassung aufgebaut und verfugt, erhält sie an der Außenseite eine Rückenstütze aus Mörtel*

16 *Durch Abfegen der noch frischen Mörtelreste lassen sich Zementflecken auf den Klinkern verhindern*

Wiederverwendung gelagert. Der anstehende bzw. gewachsene Boden unterhalb der Mutterbodenschicht muss anschließend so vorbereitet werden, dass er frostfrei und ausreichend tragfähig ist. Dazu ist in der Regel eine Planierung und Verdichtung erforderlich.

Dann wird ein Unterbau aufgebracht, dessen Stärke sich nach der Höhe des anstehenden Bodens im Verhältnis zur Höhe des Fertigbelags richtet. Der Unterbau dient als Ausgleichsschicht (Auffüllung) für verbleibende Höhenunterschiede und ist auch wichtig für die Lastverteilung. Man wählt für diesen Zweck ein Grobkiesgemisch, das lagenweise aufgebracht und anschließend verdichtet wird. Die Gesamtschichtdicke beträgt etwa 50 cm.

Das Verdichtungsmaß für Schüttgüter wie die im hier gezeigten Beispiel verwendete Kiesmischung beträgt ca. 33 %. Bei grobkörnigen Schüttgütern ist darauf zu achten, dass die Korngröße nach oben hin abnimmt und die jeweiligen Schichtdicken weitgehend gleich sind. Auf diese Weise können spätere Setzungsunterschiede vermieden werden.

Eingeebnet und zuvor lagenweise sorgfältig verdichtet, ergibt der Unterbau aus dem aufgebrachten Kiesgemisch das sogenannte Grobplanum.

Die Randeinfassung

Nachdem der Unterbau für unsere Klinkerterrasse auf die beschriebene Weise präpariert ist, geht es zunächst an die Vorbereitung der Randeinfassungen. Damit wird der Rahmen für den späteren Pflasterbelag geschaffen. Dieser Rahmen muss auf die exakte Endhöhe des Belags gebracht werden, und das Verlegemuster der Pflasterung muss genau in den Rahmen hineinpassen.

Die Randeinfassung stabilisiert den Pflasterbelag dann zu den Seiten hin. Sie hat die Aufgabe, ein Verschieben der Pflasterklinker im Randbereich während der Herstellung und der Nutzung der Pflasterflächen zu verhindern. Die Klinker der Randeinfassung werden in Magerbeton verlegt – z. B. als sogenannte Rollschicht mit hochkant stehenden Steinen. Nach außen stabilisiert man die Steine durch eine Rückenstütze aus Magerbeton.

Um beim späteren Pflastern so wenig wie möglich schneiden zu müssen und ein sauberes Verlegemuster zu erzielen, wird der lichte Abstand der Randeinfassung – beispielsweise zur Hauswand – zuvor durch Auslegen von Pflasterklinkern mit 3 bis 5 mm Fuge exakt ermittelt. So kann man bei der Verlegung ohne lästigen Verschnitt mit ganzen Steinen arbeiten.

Rechts: Klinkerterrassen passen besonders gut zu Häusern, deren Fassaden ebenfalls aus den gebrannten Ziegeln bestehen

Tragschicht anlegen

1 Wenn die vorbereiteten Randeinfassungen stehen, werden Schnureisen eingeschlagen und daran die Schnüre gespannt

2 Zunächst markiert man mit den Schnüren die Höhe der Tragschicht aus Mineralgemisch und richtet diese daran aus

3 Mit dem Zollstock kontrolliert man, ob der Abstand des Unterbaus zur Schnürung auf der gesamten Fläche gleich ist

4 Im darauf folgenden Arbeitsschritt verdichtet und planiert man die Tragschicht sorgfältig mit dem Rüttler

Die lichte Höhe der Randeinfassung über dem Grobplanum errechnet sich aus der Höhe der anschließend aufzubringenden Tragschicht von mindestens 10 cm Dicke sowie der Dicke der Bettung (ca. 3 cm) und der gewählten Klinkerdicke. Dabei ist vom Haus weg hin zum Garten ein Gefälle von ca. 1,5 bis 2 % zu berücksichtigen. Damit die Randsteine sich bei Frost nicht aus dem Betonbett lösen, muss man die

Fugen zwischen den Steinen durch Mörtel verschließen. Dann kann kein Wasser eindringen. Frische Mörtelreste werden abgefegt, um Zementflecken zu vermeiden.

Die Tragschicht

In die geschlossene Randeinfassung wird jetzt als Oberbau die Tragschicht eingebracht. Sie sollte mindestens 10 cm dick sein und aus kornabgestuftem Material von 0 bis 45 mm bestehen.

Die Tragschicht hat die Aufgabe, die aus der Pflasterdecke eingebrachten Lasten zu verteilen, sodass sie von den darunterliegenden Schichten bzw. dem Untergrund aufgenommen werden können.

Die Tragschicht muss zudem wasserdurchlässig sein, damit sie Regen, der durch die Fugen der Pflasterung einsickert, ableiten kann.

Das Mineralgemisch wird lagenweise mit ca. 1,5 bis 2 % Gefälle verdichtet.

Die Bettung aus Splitt

In die geschlossene Randeinfassung wird auf die planierte Tragschicht nun als letzte Lage die Bettung der Pflasterklinker eingebracht. Dazu verwendet man Brechsand (Splitt) in der Kornabstufung 2 bis 5 mm.

Die Materialmenge ist so zu bemessen, dass die Schichtdicke im abgerüttelten Zustand 3 cm nicht übersteigt. Um eine absolut gleichmäßige Oberfläche des Pflasterbetts zu erreichen, zieht man das Material zwischen vorher ausgerichteten Lehren ab. Als Lehren dienen Rohre, die mit der notwendigen Neigung von 1,5 bis 2 % in den Splitt eingelegt werden.

Achten Sie darauf, dass die Oberfläche der fertigen Bettung so hoch liegt, dass die später darauf verlegten Klinker auch nach dem endgültigen Abrütteln der Pflasterung um etwa 10 mm über die Randeinfassung hinausragen. So wird für einen problemlosen Abfluss des Oberflächenwassers gesorgt.

Unterbau und Randeinfassung im Schnitt. Zur Gartenseite sind 1,5 bis 2% Gefälle anzulegen

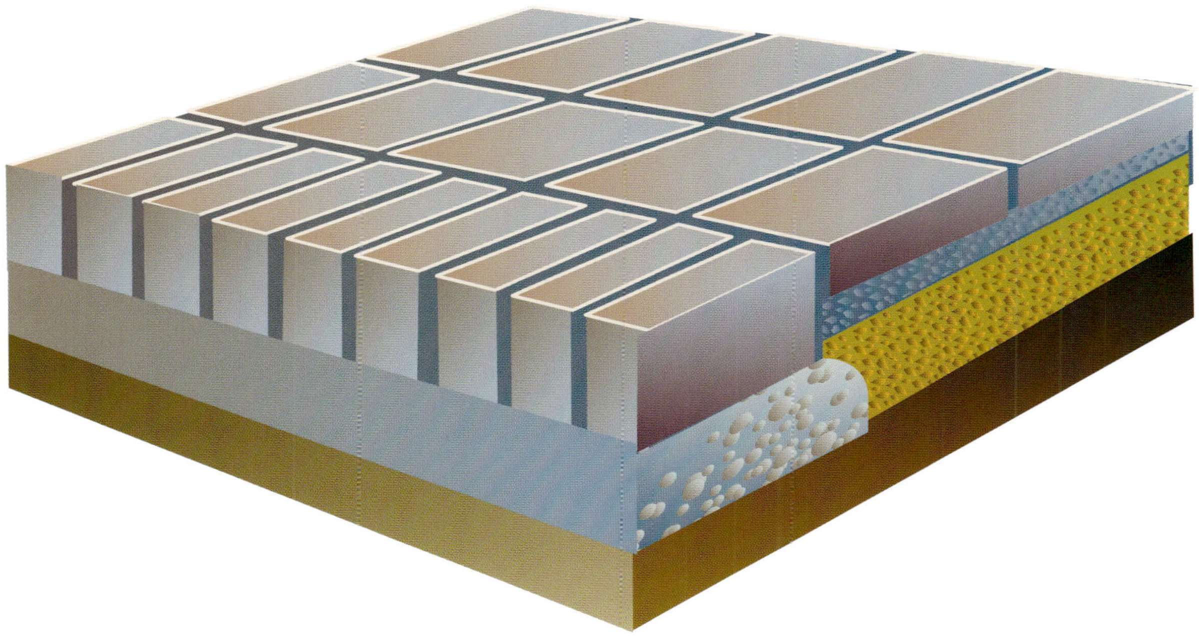

Wenn der Klinkerbelag der Terrasse sich auf dem anschließenden Weg fortsetzt, entsteht ein harmonisches Gesamtbild

Bettung anlegen

1 Ein letztes Mal müssen Schnüre gespannt werden. So legt man die Höhe der aufzubringenden Bettung fest

2 Die Bettung besteht aus Feinsplitt, der auf die Tragschicht aufgebracht und anschließend verteilt wird

3 In den Feinsplitt eingelegte Rohre dienen als Lehren. Sie helfen beim abschließenden Abziehen der Bettung

4 Ein gerades Brett dient als Schiene, das man nun über die in den Splitt eingelegten Lehren zieht

5 Auch parallel zur Hauswand werden Lehren eingelegt. Zur Gartenseite hin besitzt die Bettung ein leichtes Gefälle

6 An schmalen Stellen benutzt man ein ausgeklinktes Brett. Zuletzt wird der Splitt mit dem Rüttler verdichtet

So präsentiert sich die abgezogene und verdichtete Bettung vor dem Auflegen der Pflasterklinker

Das Verlegen der Pflasterklinker

Um beim nun folgenden Verlegen ein gleichmäßiges und natürliches Farbspiel der unterschiedlich geflammten Klinker zu erreichen, sollten die Steine grundsätzlich quergemischt aus mehreren Paletten verarbeitet werden.

Man beginnt bei den befestigten Rändern (Randeinfassungen, Mauern, Treppenstufen) und legt zunächst nur ein paar Reihen bzw. eine kleine Fläche in dem gewünschten Verband aus.

Damit ist das Raster festgelegt und wird durch straff gespannte Schnüre auf den Rest der zu pflasternden

Klinker verlegen

1 Die Verlegung der Pflastersteine auf dieser Terrasse soll im sogenannten Fischgrätmuster erfolgen

2 Sind die ersten Reihen verlegt, spannt man im Verlauf der Pflasterfugen zwei Schnüre parallel zur Hauswand

3 Wenn der Abstand zwischen den Schnüren stimmt, kann man anschließend weitere Klinker auslegen

4 Will man die Fluchten quer zu den Schnüren kontrollieren, verwendet man hierzu den Richtscheit

Klinker verlegen

5 Beim Auslegen der weiteren Klinker bieten die zu Beginn gespannten Schnüre stets eine Orientierung

6 Man darf nicht vergessen, stets den richtigen Fugenabstand einzuhalten, der hier 3 bis 5 mm beträgt

7 Entscheidet man sich für das Fischgrätmuster, so muss man für die Randbereiche halbe Steine zurechtschneiden

8 Das Muster ist in der Verlegetechnik recht einfach. Ist der Anfang gemacht, geht es meist schnell voran

Passstücke schneiden

1 Hier wird es komplizierter, denn die Hauswand verläuft in einem 45°-Winkel zur Terrasse

2 Die individuell anzufertigenden Passstücke müssen vor dem Zuschnitt ausgemessen und angezeichnet werden

3 Am leichtesten lassen sich Passstücke mithilfe einer Säge anfertigen, die mit einem Diamantblatt bestückt ist

4 Ein Wasserbad kühlt das Sägeblatt, sodass sich das Metall nicht zu stark erhitzt und dadurch stumpf wird

Passstücke schneiden

5 Achten Sie darauf, dass Sie auch im Anschluss zur Hauswand den Fugenabstand von 3 bis 5 mm einhalten

6 Der Randbereich wird nun mit den zugeschnittenen Steinen Schritt für Schritt lückenlos geschlossen

7 Wenn man exakt gearbeitet hat, erhält man im Anschluss zur Hauswand eine gleichmäßig breite Fuge

8 Am Terrassenaustritt ist ein Eckausschnitt erforderlich. Bei diesem Zuschnitt ist höchste Präzision gefragt

Alle Steine liegen in der richtigen Position. Jetzt muss der Belag durch Einfegen von Fugenmaterial stabilisiert werden

Fläche übertragen. Im hier gezeigten Fall wird am Terrassenende rechts von der Terrassentür begonnen. Sobald etwa ein Quadratmeter Klinker im korrekten Anschluss an die Randeinfassung und die Hauswand ausgelegt ist, spannt man Schnüre parallel zu Hauswand und Randeinfassung bis zum gegenüberliegenden Terrassenende.

Wichtig ist es, zwischen den Klinkersteinen eine einheitlich breite Fuge von 3 bis 5 mm zu lassen. Auch wenn die Klinker mit seitlichen Wülsten als Abstandhalter versehen sind, muss ein zusätzlicher Abstand eingehalten werden, damit später ausreichend viel Fugensand eingeschlämmt werden kann, der dem Pflasterbelag letztlich seine Stabilität verleiht.

Erforderliche Passstücke im Randbereich werden mit einem Zweihandwinkelschleifer (Diamantblatt) oder einer speziellen Steinsäge (Nassschnitt) hergestellt. Beide Werkzeuge kann man bei Verleihfirmen mieten. Beachten Sie beim Arbeiten mit Winkelschleifer und Steinsäge stets die Sicherheitsvorschriften. Schutzbrille und Handschuhe tragen!

Die Pflasterfugen mit Feinsplitt einschlämmen

Bevor die fertig verlegte Pflasterfläche mit einem Rüttler mit einem Gummischuh oder einer Neopren-Schutzplatte verdichtet wird, schlämmt man Brechsand (0 bis 2 mm Körnung) in die Fugen ein. Dies wird nach dem Abrütteln nochmals wiederholt, um die Fugen vollständig zu füllen.

Fugen einschlämmen

1 Nachdem das Pflaster verlegt ist und die Fugenverläufe kontrolliert sind, wird das Fugenmaterial eingebracht

2 Schräg zum Fugenverlauf fegt man den aufgestreuten Feinsplitt, der eine Körnung von 1 bis 3 mm besitzt, ein

3 Anschließend wird der Feinsplitt durch reichliche Zugabe von Wasser intensiv in die Fugen eingeschlämmt

4 Mehrmaliges Fegen der gesamten Fläche sorgt dafür, dass die Fugen schließlich vollständig gefüllt sind

Abrütteln

1 Zum Schutz der Oberfläche erhält der Rüttler eine Kunststoffschürze. Die Unwucht läuft auf mittlerer Frequenz

2 Nachdem man die Fläche gleichmäßig abgerüttelt hat, führt man den Rüttler auch an allen Randbereichen entlang

3 Der Feinsplitt in den Fugen zwischen den Klinkersteinen stabilisiert den Belag und macht ihn erst belastbar

Schichtaufbau im Schnitt

So stellt sich der auf den vorhergehenden Seiten gezeigte Pflasteraufbau dar, wenn man ihn aufgräbt: Gewachsener Boden, Ausgleichsschüttung, Tragschicht, Bettung aus Splitt, Steine.

Klinkerterrassen in vielfältigen Gestaltungsformen

Nach der auf den vorangegangenen Seiten vorgestellten Verlegeanleitung können Sie Ihre ganz individuelle Terrassenanlage mit Pflasterklinkern gestalten. Wie die Bilder zeigen, lassen sich große Flächen gut durch eingeschobene Reihen aus Mosaikpflaster auflockern. Auch geschwungene Randeinfassungen sind möglich. Hier schließt ein Teich an die Terrasse an. Bei unserem Beispiel wurden quadratische Klinker verwendet. Bei der Diagonalverlegung braucht man im Randbereich sogenannte Bischofsmützen als Passsteine. Dazwischen liegen blaue Keramiksteine.

Direkt an die geschwungene Terrasse aus Klinkersteinen schließt sich ein großflächiger Gartenteich an

Materialmix beim Pflastern

Einen besonderen Reiz haben Pflasterflächen, bei denen man verschiedene Materialien kombiniert hat. So wird der Belag optisch gegliedert

Bei der hier gezeigten Terrassenanlage werden edle Steinplatten im Format 40 x 40 cm verarbeitet. Um die Fläche aufzulockern, kommt zwischen die Platten Mosaikpflaster aus Granit. Seitlich schließt sich ein Steinkreis aus verschiedenfarbigem Mosaik an. Unterschiedliche Verlegemuster und Materialmix bestimmen

Für die Terrasse sowie alle befestigten Flächen im Garten sind Pflastersteine der ideale Belag

Trockenmörtel als Unterbau

1 Nach dem Erdaushub (80 cm), bringt man Recycling-Material ein, das lagenweise nivelliert und verdichtet wird

2 Als Bettung für die Platten und das Mosaikpflaster dient eine Trockenmörtelmischung (6 Teile Sand, 1 Teil Zement)

3 Die Bettung wird mit leichtem Gefälle zum Garten hin abgezogen. Dann die ersten Platten mit Abstand auslegen

4 Die an der Schnur ausgerichteten Platten werden nun in die Bettung gedrückt. Kontrolle mit der Wasserwaage

Trockenmörtel als Unterbau

5 Zur Hauswand bzw. zur Terrassentür bleibt ein Abstand von drei Reihen Mosaikpflaster bis zur ersten Plattenreihe. Die Natursteine werden mit dem Pflasterhammer einzeln in die Bettung eingeklopft, sodass eine gleichmäßige Fläche entsteht

6 Immer kommt die Wasserwaage zum Einsatz. Mit dem Gummihammer die Platten anklopfen und ausrichten

7 Reihe für Reihe geht es weiter. Den Abschluss zum Garten bildet Basaltgroßpflaster mit einer Rückenstütze

Trockenmörtel als Unterbau

8 An der rechten Flanke bleibt eine Aussparung für den Übergang zu dem vorgesehenen Mosaik-Steinkreis

9 Kreismittelpunkt festlegen und Schnureisen spannen. Dann die Belagendhöhe mit der Wasserwaage übertragen

also das Bild. Im Gegensatz zur zuvor gezeigten Terrasse sind hier ein anderer Aufbau und auch eine andere Verlegetechnik erforderlich.

Der Unterbau

Das Haus steht auf einem sehr lehm haltigen Boden, der keine ausreichende Dränage nach unten garantiert. Um zu verhindern, dass sich das Erdreich unterhalb des Steinbelags vollsaugt und bei starkem Frost nach oben drückt, wird die etwa 28 m^2 große Terrassenfläche zunächst 80 cm tief ausgehoben und mit geschreddertem Recycling-Material wieder aufgefüllt.

Dieser Unterbau sorgt für eine ausreichende Dränage. Um den Unterbau ausreichend tragfähig zu machen, wird er lagenweise aufgebracht, nach zuvor gespannten Schnüren nivelliert und verdichtet. Auch hier muss ein Gefälle von 1,5 bis 2 % zur Gartenseite hin beachtet werden.

Die Verlegetechnik

Da die zu verlegenden Platten und das für die Ränder und Zwischenräume vorgesehene Mosaikpflaster unterschiedliche Höhen aufweisen, können Sie die Steine nicht auf eine exakt abgezogene Bettung aus feinem Splitt verlegen. Statt dessen kommt auf das Grobplanum aus Recycling-Material eine etwa 10 cm hohe Lage aus trocken mit Zement vermischtem Sand.

In dieses Bett werden zunächst die Platten reihenweise gelegt und mit dem Pflasterhammer einzeln nach der Schnur ausgerichtet und mithilfe der Wasserwaage auf gleichmäßiges Niveau gebracht. Im nächsten Arbeitsschritt füllt man dann den Randbereich zur Hausseite mit Mosaikpflaster. Anschließend pflastert man die Zwischenräume der Platten mit den kleinen Granitsteinen. Auf diese Weise wird eine Plattenreihe nach der anderen verlegt, bis die Kante zum Garten hin erreicht ist. Hier bildet eine Reihe Basaltgroßpflaster mit Rückenstütze den Abschluss.

Die fertig gepflasterte Terrassenfläche kann bei der hier beschriebenen Verlegetechnik nicht mehr abgerüttelt werden. Letzte Korrekturen des Niveaus der Platten und Steine werden durch leichte Hammerschläge auf ein aufgelegtes Kantholz erreicht. Stabilität erreicht der Unterbau, wenn das Sand-Zement-Gemisch Feuchtigkeit aufnimmt, dadurch abbindet und sich erhärtet. Nach zwei Tagen ist die Fläche belastbar. Dann werden die Fugen mit Sand eingeschlämmt.

Der Mosaikkreis entsteht

1 Für den Unterbau des Mosaik-Steinkreises wird Recycling-Material eingebracht und anschließend verdichtet

2 Mit Zement vermischter Sand dient als Bettung. Mit einer Schnur die zu pflasternde Kreisfläche markieren

3 Nachdem sieben Kreise aus Mosaikpflaster gelegt worden sind, folgen zwei Kreise aus Basaltgroßpflaster

4 Für die Flächen zwischen Terrasse und Steinkreis müssen exakt passende Steine ausgesucht werden

Mosaikkreis pflastern

Für den sich seitlich an die Terrasse anschließenden Mosaik-Steinkreis wird ein Unterbau aus Sand-Zement-Gemisch aufgebracht.

Mit einer Eisenstange in der Kreismitte und einer Schnur lässt sich der Pflasterkreis anreißen.

Dann werden von innen nach außen die Pflastersteine einzeln ins Mörtelbett geklopft.

Die Köpfe stehen dabei noch etwa 15 mm über der vorgesehenen Endhöhe. Alle fünf bis sechs Reihen bringt man die Steine mit einem Handstampfer auf das richtige Niveau.

Zuletzt werden die Fugen mit Sand eingeschlämmt. Nach zwei Tagen ist die Fläche voll belastbar.

Wenn der Pflasterkreis fertiggestellt ist, kann rundum Mutterboden angefüllt und Gras ausgesät werden

TIPP: Verlegen im Trockenmörtel

Die hier gezeigte Trockenmörtel-Verlegetechnik können Sie nur bei gutem Wetter durchführen. Regen würde das Gemisch schnell abbinden lassen und das Ausrichten der Steine erschweren. Außerdem verursacht er Zementflecken auf den Steinen.

Wege im Garten pflastern

Gartenwege aus Stein erschließen das Grundstück. Breite, Unterbau und Belag richten sich nach den jeweiligen Gegebenheiten

Wie breit und wie stark belastbar Wege im Außenbereich des Hauses sein sollen, hängt von den unterschiedlichen Gegebenheiten ab.

Im einfachsten Fall werden Platten von etwa 40 x 40 cm Größe mit Schrittabstand in einer Rasenfläche verlegt. Dazu sticht man die Rasensoden aus, gibt Sand in die entstehenden Löcher und setzt die Platten ein.

Für etwas breitere Gartenwege muss das Pflasterbett komplett mindestens einen Spaten tief ausgehoben und dann mit Sand gefüllt werden. Bei geringer Belastung ist eine Randbefestigung nicht erforderlich. Bei solchen Wegen muss man aber in Kauf nehmen, dass die Steine mit der Zeit ein wenig verrutschen, sodass sich kein einheitliches Pflasterbild mehr bietet.

Stärker belastbare Wege, bei denen die Pflastersteine auch nach Jahren noch in gleicher Höhe und Position stehen, brauchen einen Unterbau, wie wir ihn schon vom Terrassenbau her kennen.

Wege aus Natursteinplatten fügen sich besonders harmonisch in die Bepflanzung des Ziergartens ein. Allerdings sind solche Wege auch nur gering belastbar

Interessanter Effekt: Ein klares Fugenbild trotz verschlungener Wege

Ein gegabelter Klinkerweg. Beim Verschwenken der Wegführung entstehen unterschiedlich breite Fugen, was die Optik der Pflasterung aber nicht beeinträchtigt

Zunächst muss man die Breite festlegen. Bei einem Hauptweg – beispielsweise durch den Vorgarten zum Hauseingang – sollten zwei Personen bequem aneinander vorbeigehen können. Hier beträgt das Mindestmaß 110 cm. Bei kleineren Gartenwegen reichen auch 60 bis 80 cm Breite.

Der Wegeverlauf richtet sich nach der Nutzungsart und den örtlichen Gegebenheiten. Achten Sie bei altem Baumbewuchs darauf, ausreichenden Abstand zu den Wurzeln zu halten. Wurzeln können die Pflasterung anheben.

In der Regel hebt man den Mutterboden etwa 40 cm tief aus und bringt eine wasserdurchlässige Tragschicht ein, die mit dem Rüttler verdichtet wird. Im nächsten Schritt verlegt man die Randsteine im Mörtelbett und formt zur Gartenseite hin eine Rückenstütze.

Sind die Randsteine exakt höhengleich verlegt, fällt es nicht schwer, den Sand oder Splitt der Bettung wie über eine Lehre sauber abzuziehen. Danach werden die Pflastersteine verlegt und verfugt. Dann wird die Fläche abgerüttelt und nochmals verfugt.

In unmittelbarer Nähe von Pflasterflächen dürfen keine flach wurzelnden Bäume gepflanzt werden

Bambus bekommt eine Wurzelsperre

Aufbau eines Weges

1 Zuerst wird – wie immer – die Tragschicht eingebracht, gut verteilt und mit dem Rüttler sorgfältig verdichtet

2 Dann die Pflasterbettung aufstreuen und mit einem langen, geraden Brett oder einer Aluschiene abziehen

3 Zwischen den im Mörtelbett verlegten Randsteinen wird anschließend die Fläche des Gartenweges gepflastert

4 Hier läuft die Pflasterung zweier Wege ineinander. Im Übergangsbereich müssen Steine zugeschnitten werden

Für wenig belastete Wege reichen Natursteinplatten im Splittbett

Neben Hauptwegen legt man auf großen Gartengrundstücken oft schmale Nebenwege aus einzelnen Trittplatten an. Solche Wege erschließen beispielsweise Staudenbeete oder locker gruppierte Sträucher. Sie brauchen keinen aufwändigen Unterbau. Besonders natürlich wirken in solchen Bereichen Wege aus unregelmäßig geformten Natursteinplatten (A).

Es reicht, den Gartenboden überall dort, wo die Platten liegen sollen, etwa 10 cm tief auszuheben. Danach wird ein 5 cm dickes Splittbett in die Vertiefungen gegeben und ebenmäßig abgezogen (B). Dann legt man die Platten auf den Splitt, richtet sie aus und klopft sie fest (C).
Zuletzt wird Splitt in die Ritzen gegeben, sodass sie auch seitlichen Halt bekommen (Bild Seite 58).

A

B

C

Tipps vom Experten

Wurzelausläufer beachten

Der Gartenexperte Peter Himmelhuber empfiehlt, bei der Bepflanzung an mögliche Schäden durch Wurzelausläufer zu denken: „Pflanzen haben eine ungeheure Energie. Zu sehen ist das beispielsweise, wenn sich ein Löwenzahn durch die Asphaltdecke schiebt oder wenn Bambuswurzeln das Pflanzgefäß sprengen.

Mit dieser Problematik müssen sich natürlich auch die Gartenplaner und Baufachleute beschäftigen, zumal in den Städten möglichst viel Grün erwünscht ist, das jedoch keine Schäden verursachen darf. So müssen etwa Tiefgaragen vor einer Begrünung wurzelsicher abgeschottet werden. Ebenso müssen die Fundamente von Gebäuden ausreichende Barrieren erhalten. Keinesfalls dürfen Angriffspunkte für Baumwurzeln vorhanden sein. In der Regel dienen beim Hausbau sogenannte Mauerschutzbahnen aus Kunststoff zur Abdichtung. Beim Straßenbau halten Einfassungen aus Granitzeilen, die auf ein Streifenfundament aus Beton gesetzt werden, das Wurzelwerk ab. Gleichermaßen lassen sich, wo das nötig ist, Pflasterflächen und Wege im Garten vor dem Unterminieren durch Bäume und Sträucher schützen. Statt der Granitzeilen eignen sich auch Pflastersteine als Einfassungen. Solche sogenannten Einzeiler können im Garten auch als Beeteinfassungen nützlich sein. Wenn sie auf Beton gesetzt werden, bilden sie recht sichere Barrieren für Gehölze oder auch für Stauden und Gräser, die sich stark durch Ausläufer vermehren.

Gartenwege aus Platten, die im Sandbett verlegt wurden, heben sich mit der Zeit unweigerlich an, wenn daneben Obstbäume stehen, deren Wurzeln sich rund um den Stamm kräftig entwickeln. Hier müssen also ausreichende Abstände eingehalten werden.

Besonders weite Wurzelausläufer bilden Bambusarten. Sie wuchern nicht nur direkt am Standort, sondern treiben Ausläufer, die Wege und Pflasterflächen unterwandern. Hier helfen nur Wurzelsperren aus Kunststoff. Man setzt den Bambus in eine Pflanzmulde, die zuvor rundum mit Mauerschutzfolie ausgelegt wurde, die die Wurzeln nicht durchwachsen können."

Typischer Schaden: Ein naher Baum hat die Wegplatten angehoben

Der beste Schutz gegen Wurzeln von Sträuchern und Bäumen sind Pflasterwege mit im Betonbett verlegten Randsteinen

Treppen im Garten anlegen

Steht das Haus auf einem Hanggrundstück, bietet es sich an, den Garten in verschiedene Ebenen zu gliedern und durch Treppen zu verbinden

Der Höhenunterschied des Geländes wurde durch L-Steine abgefangen. Die Treppe besteht aus passenden Blockstufen.

Für die Gestaltung des Gartens in Form von mehreren Ebenen eignen sich L-förmige Böschungselemente zum Abstützen von Hängen. Diese auch Mauerscheiben genannten Teile werden auch als rechteckige Innen- und Außenecken sowie in konvexer bzw. konkaver Form angeboten. Damit können Sie die Hangbefestigung jeder Geländeform und jedem Gestaltungswunsch anpassen.

Links: Treppenbreite Blockstufen wurden aufeinandergesetzt und rechts und links mit Kieseln verschiedener Größe umrahmt

Das Bild links zeigt ein Anwendungsbeispiel mit Treppe und Pflasterung mit passenden Blockstufen und Steinen.

Treppen aus Systemelementen

Treppen und Wege erschließen und gliedern den Garten. Treppen werden grundsätzlich dann angelegt, wenn das Weggefälle mehr als 7 % beträgt, das sind 7 cm Höhenunterschied auf 1 m Wegstrecke. Steilere Wege sollten aus Gründen der sicheren Begehbarkeit grundsätzlich

Die Treppe wurde aus kleinformatigen Blocksteinen passend zu den Platten der Terrasse gebaut

vermieden werden. Wann immer es möglich ist, sollte man einen Garten auf mehreren Ebenen anlegen. Das bringt Spannung in die ganze Anlage. Stufen, Podeste, Treppen und Hochbeete machen den Außenbereich quasi zum zweiten Wohnzimmer. Mauerumrandungen laden zum Sitzen ein. Man hat viele verschiedene Betrachtungsperspektiven. Der Garten wirkt viel interessanter als bei klassischer Aufteilung mit Terrasse und anschließender Rasenfläche.

Zum Bau von Treppen rund ums Haus werden heute die verschiedensten Fertigelemente angeboten. Besonders beliebt sind sogenannte Blockstufen. Diese einteiligen Elemente lassen sich sehr rationell verarbeiten.

Bevor es an den Bau einer Treppe geht, müssen Stufenzahl und Steigungsverhältnis berechnet werden. Die Stufenzahl ergibt sich, indem man den ermittelten Höhenunterschied durch die gewünschte Stufenhöhe dividiert. Die Stufenhöhe sollte 15 cm nicht überschreiten. Man verändert die Stufenhöhe dann so, dass sich in der Rechnung eine glatte Stufenzahl ergibt. Bei der Tiefe des Auftritts gilt die bereits angesprochene Regel: zwei Stufenhöhen plus eine Auftrittstiefe sollen etwa 65 cm ergeben. Das heißt: Je höher die Stufen, desto kürzer die Auftrittstiefen.

Aus Beton gegossene Blockstufen lassen sich gut verarbeiten, sind aber ausgesprochen schwer. Man muss immer zu zweit arbeiten. Da die Stufenhöhe mit 15 cm festliegt, muss man beim Treppenbau die Ebenen unterhalb und oberhalb der Treppe anpassen. Die unterste Stufe wird auf ein frostfrei gegründetes 20 cm tiefes Betonfundament gesetzt. Für die weiteren Stufen genügt dann ein Unterbau von 10 cm Beton auf einer Schicht Kies. Die Stufen werden in den frischen Beton gesetzt und durch Schläge mit einem Gummihammer ausgerichtet. Zuerst bringt man sie in Längsrichtung in die Waage. Dann werden sie vorn etwa um 1 cm abgesenkt, damit das Regenwasser gut abfließen kann.

Die Stufen müssen mit 1 bis 2 cm Überlappung verlegt werden. Während des Versetzens der Stufen sollten Sie die Auftrittstiefe immer wieder kontrollieren und die Wasserwaage auflegen. Es gibt Blockstufen in Längen zwischen 50 und 150 cm Länge. Um bei breiteren Treppen durchlaufende Fugen zu vermeiden, sollten Sie die Elemente von Stufe zu Stufe versetzt zueinander anordnen.

Bau von Stufen und Treppen mit Palisaden und Pflastersteinen

Geradezu ideal für den Treppenbau sind Palisadenelemente, wie sie heute in den meisten Betonpflaster-Programmen angeboten werden. Da Wege und Treppen eine gestalterische Einheit bilden, bietet es sich an, durchgängig mit einem einheitlichen Material zu arbeiten. Dabei setzt man zuerst in der bereits auf Seite 22 beschriebenen Weise die Randsteine der Wege ins Mörtelbett. Dann werden die Treppenflanken und die Vorderkanten der Stufen aus in Magerbeton versetzten Minipalisaden gebildet. Wegflächen und Auftrittsflächen der Stufen lassen sich dann wie oben beschrieben pflastern. Man muss die Auftritte der Treppe so bemessen, dass mit ganzen Steinen gearbeitet werden kann.

Ein Weg ums Haus aus roten Pflasterklinkern.

Minipalisaden lassen viele Gestaltungsmöglichkeiten zu. Hier ein Hauseingang mit einfachem Podest

Auch eine zweistufige Konstruktion aus Minipalisaden ist möglich, hier in Form dekorativer Halbkreise angelegt

Mut zum Materialmix: Pflasterklinker und Natursteine lassen sich zu Treppen und Podesten kombinieren

Hier sehen Sie ein Podest, das mit Natursteinen eingefasst wurde. Die Pflasterklinker sind blau glasiert

Podeste und Ränder aus Natursteinen setzen Akzente

Mauern und Beet-einfassungen

- Stützmauern für Hanggrundstücke
- Trockenmauern fachgerecht bauen
- Attraktive Steingärten anlegen
- Pflanzen für Trockenmauern und Steingärten
- Beeteinfassungen gliedern den Garten
- Hochbeete liefern reichen Ertrag
- Kräuterspirale für Hobby-Köche

Stützmauern für Hanggrundstücke

Gärten mit verschiedenen Ebenen haben ihren besonderen Reiz. Wir zeigen Ihnen, wie man das Erdreich sicher abstützen kann

Wenn der Garten am Hang liegt oder eine ebene Fläche aus gestalterischen Gründen auf unterschiedliche Niveaus gebracht werden soll, benötigt man Stützmauern zur Befestigung des Erdreichs. Solche Mauern können beispielsweise aus speziellen Böschungssteinen bestehen (siehe Bild unten) oder man arbeitet mit Betonpalisaden.

Palisaden, die zur Befestigung von Böschungen eingebaut werden, müssen unbedingt auf einem Betonfundament ruhen. Zur frostsicheren Gründung muss unter dem Funda-

Palisaden aus gegossenen Böschungssteinen sehen schön aus und sind preisgünstig

Natursteinpalisaden aus Basalt sind attraktiv, aber auch besonders teuer

ment eine mindestens 10 bis 15 cm starke Filterschicht aus verdichtetem Kies angelegt werden. Die Einbautiefe der Palisaden beträgt mindestens ein Viertel, besser noch ein Drittel der Gesamthöhe. Am Fuß der Palisaden baut man auf der Hangseite eventuell eine Dränage aus groben Kieseln oder aus Schotter ein, damit sich dort keine Staunässe bildet.

Intelligente Mauersysteme, die keinen Mörtel brauchen

Das hier gezeigte Mauersystem besteht aus industriell vorgefertigten Steinen, die man vor Ort trocken aufeinanderschichtet. So kann man

Einzelteile des Mauersystems

Mauersteine und Bodenplatten bestehen aus zueinander passendem Material.

ohne Mörtelfugen hochwertiges Mauerwerk in professioneller Qualität herstellen. Lediglich die erste Steinlage wird im Mörtelbett auf einem gegossenen Betonfundament versetzt. Hierbei ist Präzision gefragt, damit die folgenden Lagen nicht mehr korrigiert werden müssen. Angearbeitete Nut- und Federprofile sorgen für eine formschlüssige Verbindung der im Halbverband aufeinandergesetzten Steine.

Systemmauerwerk für die Böschung im Schnitt

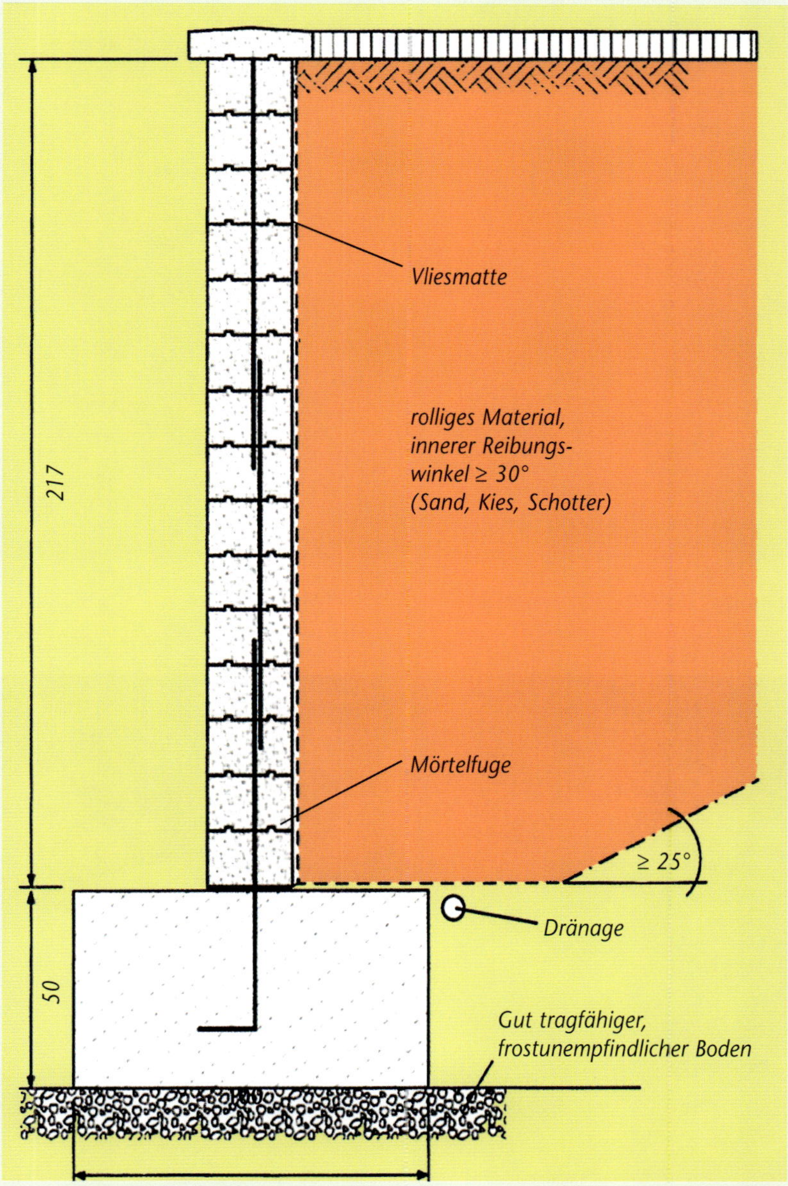

Das Mauersystem kann nicht nur frei stehend errichtet werden, sondern stützt auch Böschungen und Hänge. Dazu muss ein Betonfundament gegossen werden, in das man Bewehrungsstäbe einlässt, die dann in die Hohlkammern der Steine führen. Weitere Bewehrungsstäbe stabilisieren den Verbund der Steinlagen. Zum Hang wird das Mauerwerk durch Vlies abgedeckt. Eine Dränage verhindert Staunässe.

Zusätzlichen inneren Halt bekommt das trocken geschichtete Mauerwerk durch Ausbetonieren der runden Kammern, die jeder Stein aufweist. Diese Hohlräume erlauben es zudem, Bewehrungsstäbe aus Stahl in den frischen Beton einzustecken.

Sie verstärken den verbindenden Beton und können die Mauer auch im Fundament verankern. Die zum System gehörenden Abdecksteine befestigt man punktweise mit Spezialkleber. Zusätzlich dichtet man sie mit Silikon ab.

Solche Mauern aus Systemelementen sind zwar deutlich teurer als herkömmlich Stein auf Stein gesetzte

Zweilagige Systemmauer mit Abdeckplatten.

Abschnitte aus Systemmauern zwischen Säulen aus aufeinandergeschichteten Böschungselementen

Mauern mit verbindender Mörtelschicht, dafür spart man aber teure Handwerkerlöhne. Denn das klassische Mauern mit Mörtel überfordert den ungeübten Gartenbesitzer fast immer. Mit den hier gezeigten Systemsteinen dagegen kann jeder erfolgreich arbeiten.

Die Schnittzeichnung auf Seite 73 zeigt, wie eine Systemmauer zur Hangabstützung aufgebaut wird. Ebenso lassen sich frei stehende Mauern zur Grundstückseingrenzung errichten. Bis zu welcher Höhe die Systemsteine ohne Mörtel geschichtet werden dürfen, entnehmen Sie den technischen Beschreibungen der Hersteller. Es gibt auch Sonderteile zum Herstellen von Säulen, die man mit Zaunelementen oder Toren aus Metall oder Holz kombinieren kann.

Abgestufte Systemmauer

Pflanzterrassen am Hang, die durch Systemmauern gestützt werden

Trockenmauern fachgerecht bauen

Trockenmauern bereichern jeden Garten. Sie sind dekorativ und bieten als Steingarten vielen Pflanzen und Tieren Lebensraum

Eine gute Zeit für den Bau einer Trockenmauer ist Herbst oder Winter. Sie können sich dann schon im folgenden Frühjahr an der Bepflanzung erfreuen. Der Aufbau der Mauer macht zwar etwas Mühe, doch danach braucht sie wenig Pflege.

Das Material ist so vielfältig wie die Gestaltungsmöglichkeiten. Es gibt Kalkgestein, Granit, Schiefer, Sandstein und viele andere Arten und davon viele Formen, so etwa große Quader, flache Platten oder geschliffene Kiesel. Oft gibt es einen Steinbruch oder ein Schotterwerk in der Region, wo das Baumaterial günstig zu bekommen ist. Statt der Bruchsteine eignen sich auch Feldlesesteine, die von Bauern zu bekommen sind, oder alte Ziegelsteine wie auf Seite 68–69 zu sehen.

Schon bald nach der Bepflanzung hat sich ein kleines Naturparadies entwickelt, das wenig Pflege benötigt

Die Steine setzen

1 Bei den Steinen ist der Transport meist das Teuerste. Am besten sucht man einen Steinbruch in der Nähe aus

2 Für die erste Steinreiche wird der Mutterboden 40 bis 50 cm tief ausgehoben

3 Die erste Lage sollte aus möglichst breit geformten Steinen bestehen. Sie werden mit lockerer Erde hinterfüllt

4 Seitlich schließt sich hier eine Natursteintreppe an. Die Stufen mithilfe eines Brettes gleichmäßig ausrichten

5 Auf jede neue Lage kommt lockere Erde, die quasi als Mörtel dient und die Hohlräume füllt

6 Schicht um Schicht wächst die leicht zum Hang hin geneigte Trockenmauer nun auf die gewünschte Endhöhe

Die Trockenmauer als Lebensraum

Mit dem Bau von Trockenmauern errichten Sie nicht nur natürlich aussehende Abstützungen für Hänge und unterschiedliche Ebenen im Garten – Sie schaffen gleichzeitig auch Biotope, in denen sich viele schützenswerte Pflanzen und Tiere wohl fühlen.

Jeder Ritz und Hohlraum zwischen den Steinen wird schon bald von Kleinlebewesen erobert, die dort sicheren Unterschlupf finden. Vielleicht siedeln sich auch Erdhummeln oder Eidechsen an. Mediterrane Pflanzen schätzen die Steine als Wärmespeicher, die für ein Kleinklima sorgen, in dem sie optimal gedeihen. So können Sie auf einer Trockenmauer einen kleinen italienischen Kräutergarten mit Oregano, Thymian und Salbei anlegen. Je mehr Sonne diese Pflanzen bekommen, desto intensiver ist ihr typisches Aroma. Sie werden es beim Würzen in der Küche merken.

Stein auf Stein

Anders als etwa eine Gartenmauer, die ein solides Fundament benötigt, lässt sich eine Trockenmauer recht frei anlegen. Selbstverständlich sind gewisse statische Richtlinien und Grundlagen bei der Gesteinswahl, beim Aufbau und der Bepflanzung zu beachten. Bevor die Steinlieferung kommt, müssen die Lage, die Form und die Größe ungefähr festgelegt sein. Eine Südlage ist günstig, zumal die meisten Steingartenpflanzen viel Licht brauchen. Näheres zur Steingartenbepflanzung lesen Sie ab Seite 79.

Zunächst wird der Boden vorbereitet. Dazu steckt man die Grundfläche ab und hebt die lockere Mutterbodenschicht aus. Die Aushuberde wird beim Aufbau wieder gebraucht. Auf dem gewachsenen Untergrund lässt sich nun die erste Steinreihe setzen. Die Zwischenräume werden mit der Aushuberde verfugt. Das Festtreten der Erde verhindert ein späteres Zusammensacken. Jetzt ist der weitere Aufbau der Trockenmauer auf der unteren Steinlage möglich, bis sie die gewünschte Höhe erreicht hat. Dabei lassen sich kantige Steine einfacher zu einem stabilen Verband aufschichten als runde. Aber selbst mit großen Kieseln ist der Bau einer Trockenmauer möglich, wenn sie sorgfältig gelegt und richtig miteinander verkeilt werden. Hohlräume sind mit Erde zu verfüllen. Ein konischer Aufbau ist grundsätzlich wichtig. Die Flanken müssen also leicht schräg zum Hang hin geneigt sein, damit die Steine nicht abrutschen.

Die meisten Steingartenpflanzen wachsen auf jedem Boden

Bepflanzung

Je nach Bepflanzung ist ein spezielles Substrat nötig. Alpenrosen (z. B. *Rhododendron hirsutum*) und andere Moorbeetpflanzen brauchen saure Erde. Stauden und Gehölze, die auf Kalkgesteinsböden vorkommen, gedeihen nur auf alkalischer Erde.

Das Gros der Steingartenpflanzen ist jedoch recht tolerant und wächst auf jedem Gestein beziehungsweise in guter Erde zwischen den Steinen.

Attraktive Steingärten anlegen

Ein Steingarten bietet besondere Lebensräume für ausgewählte Pflanzen und ist ein Rückzugsgebiet für zahlreiche gefährdete Tiere

Arbeitsschritte

1 Der für den Steingarten vorgesehene Bereich wird abgesteckt und vorbereitet. Dann die erste Steinreihe verlegen

2 Lage für Lage arbeitet man sich nun nach oben. Die Steine werden stets gut verankert und mit Erdreich „vermörtelt"

3 Nun ist die obere Abschlussreiche erreicht. Noch kann man letzte Korrekturen vornehmen, ehe es ans Bepflanzen geht

4 Die in der Staudengärtnerei gekauften Pflanzen verteilt man nach günstigen Standorten, setzt sie ein und gießt sie an

Ein Steingarten ist ein willkommenes Gestaltungselement in jedem Garten. Die „Baustoffe" Gestein, Erde und Pflanzen passen gut zusammen und lassen sich vielfältig arrangieren. Der Aufbau macht zwar sehr viel Mühe, er gleicht weitgehend dem Bau einer Trockenmauer (siehe oben), doch braucht der fertige Steingarten recht wenig Pflege. Im Wesentlichen müssen nur störende Pflanzen, die sich selbst ansiedeln, immer wieder gründlich gejätet werden, damit die erhaltenswerte Vegetation ungehindert wachsen kann.

Den Standort festlegen

Gewöhnlich richten sich Art und Form eines Steingartens nach dem Grundstück beziehungsweise nach der vorhandenen Fläche. Die Anlage ist jederzeit, also gleich bei der Gartenneugestaltung oder auch nachträglich möglich. Sie brauchen keinen strengen Plan, vielmehr sollte der Steingarten eher etwas unregelmäßig gestaltet sein. Im Gegensatz zu einer Gartenmauer, deren Steine im Mörtelbett aufeinandergesetzt werden, braucht der Steingarten kein gegossenes Fundament aus Beton.

Lage, Form und Größe sollten Sie festlegen und grob abstecken, bevor Sie die erforderlichen Steine bestellen. Ideal für die meisten Steingartenpflanzen ist Südausrichtung. Dann bekommen sie das Licht und die Wärme, die sie zum Gedeihen benötigen. Die Form passt man dem Gelände an. Je größer der Steingarten gebaut wird, umso attraktiver ist er, da sich dann Pflanzflächen für viele verschiedene Gehölze und Stauden bieten.

Es dauert nicht lange, und der Steingarten ist üppig bewachsen

Pflanzen für Trockenmauern und Steingärten

Der Lebensraum Steingarten ist besonders für alpine Pflanzen geeignet. Aber auch viele sonnenliebende mediterrane Arten fühlen sich dort wohl

Ein Steingarten bietet vielen schützenswerten Tieren Unterschlupf. Eidechsen kommen oft von selbst und sonnen sich im Sommer gerne auf den warmen Steinen. Wildbienen und Schmetterlinge fliegen zum Nektartrinken an. Immerhin blühen schon im Spätwinter die ersten Polsterstauden und danach verschie-

Als Pflanzsubstrat für den Steingarten genügt in der Regel normale Gartenerde

dene andere Nektarquellen auf, so etwa Kräuter und Duftsträucher wie der Sommerflieder, die Bartblume oder der wilde Dost. Natürlich ist der Steingarten auch ein idealer Lebensraum für seltene alpine Pflanzen. Enziane, Küchenschellen und Katzenpfötchen benötigen solche Plätze zum Gedeihen.

Das gelbe Steinkraut und pinkfarbener Polsterphlox sorgen im Frühjahr für Blütenpracht im Steingarten

Selbstverständlich holt man sich die Jungpflanzen nicht aus der Natur, sondern aus einer Staudengärtnerei, zumal vorkultivierte Topfpflanzen zügig anwachsen – im Gegensatz zu ausgegrabenen Wildpflanzen, die selten einwurzeln und bald verkümmern. Damit die Struktur der Mauer erhalten und sichtbar bleibt, ist die Pflanzenauswahl begrenzt und vor allem auf kleinwüchsige Arten beschränkt, die das Gestein nicht überwuchern.

Pflanzsubstrat

Den meisten Steingartenpflanzen genügt die Gartenerde, die beim Aufbau in die Fugen gefüllt wird, so etwa die Latschen (Zwergkiefern), Zwergweiden, Seidelbast-Arten, Polsterphlox, Blaukissen, Hauswurzen und viele andere. Nur Spezialisten wie etwa die Alpenrosen *(Rhododendron hirsutum)*, benötigen beispielsweise ein spezielles Moorbeetsubstrat.

Sedum-Arten brauchen wenig Pflege. Sie überstehen auch längere Trockenphasen

Richtige Pflanzenauswahl

Gehölze, die von Natur aus besonders gut in Steingärten gedeihen, sind: Zirbelkiefern, Säulenwacholder, Felsenmispeln, Felsenbirnen *(Amelanchier ovalis),* Bergkiefern (insbesondere Zwergformen), Zwergweiden, Alpenrosen, Seidelbast, Salbei und Lavendel. Natürlich muss man sich auf eine Auswahl beschränken, die der Größe des Steingartens angepasst ist. Von den ausdauernden Stauden bieten sich an: Polsterphlox, Blaukissen, Steinkraut, Mauerpfeffer, Hauswurz, Enzian, Küchenschelle, Primeln, Alpenmohn, Mannsschild, Nelken, Christrose, Akelei, Steinbrech, Silberdistel und Glockenblumen. Die Stauden wirken in kleinen Gruppen am besten. Sie sind ausdauernd und breiten sich zunehmend aus. Das gilt auch für viele Gräser wie etwa Blaukissen, Bärenfellgras und Perlgras, ebenso für Wildzwiebelblumen wie Blausternchen, Wildtulpen, raubenhyazinthen, Herbstzeitlose, Schneeglöckchen, Märzenbecher, Krokusse, Zwergiris u. a. Sie vermehren sich wunderbar, wenn sie ungestört blühen, abblühen und einziehen dürfen.

Pflege der Pflanzen

Außer der Bewässerung nach dem Pflanzen und dem gelegentlichen Jäten benötigt ein Steingarten keine besondere Pflege. Falls nötig sind nach Jahren allzu wüchsige Pflanzen zu reduzieren, wenn sie schwächere Arten bedrängen. Selbstverständlich sind auch Nachpflanzungen möglich, wenn einige Arten schlecht wachsen oder neue dazukommen sollen.

Hauswurz
(Sempervivum)

Merkmale

Sempervivum heißt immerlebend (vom Lateinischen *semper* = immer und *vivere* = leben). Das trifft für die vielen Hauswurz-Arten durchaus zu. Diese vitalen Polsterstauden bilden kräftige Rosetten, die jedes Wetter vertragen. Im Sommer nehmen sie Hitze und Trockenheit ohne Schaden hin, im Winter kann ihnen strenger Frost nichts anhaben. Die wasserspeichernden Pflanzen lassen sich in Steinfugen oder auch in Pflanzgefäßen ansiedeln. Zu ihrer Verbreitung tragen die zahlreichen Ausläufer bei, die sich an den Mutterpflanzen bilden. Alte Exemplare bringen im Sommer ihre ungewöhnlichen Blütenstände hervor.

Hauswurz verträgt sommerliche Hitze und längere Trockenheit ohne Schaden

Selbst auf Ziegeldächern können die anspruchslosen Hauswurzen überleben

Edelweiß
(Leontopodium alpinum)

Merkmale
Im Sortiment der Steingartenpflanzen darf natürlich das Edelweiß nicht fehlen. Dieser typische Gebirgsbewohner, der in freier Natur auf wenige Standorte in den Alpen beschränkt und dort vom Aussterben bedroht ist, lässt sich recht einfach ansiedeln. Selbstverständlich stammen die Jungpflanzen nicht aus der Natur, sondern aus der Staudengärtnerei. Im Sommer sind bereits blühende Pflanzen in Töpfen zu bekommen. Die kräftigen Wurzelballen erleichtern ihnen das Anwachsen auf vorbereitetem Boden.

Standort
Die Pflanzung erfolgt an gut sichtbaren Stellen im Steingarten,

Standort
Hauswurzen waren früher oft auf Ziegeldächern von Bauernhäusern zu finden. Den außergewöhnlichen Pflanzen wurde eine Abwehrwirkung gegen Blitzschlag nachgesagt („Donnerwurz“, „Dachwurz“). Die Sukkulenten kommen mit kargen Bedingungen zurecht und eignen sich auch zur extensiven Dachbegrünung und für die Schalenbepflanzung.

Pflege
Wenn sie ungestört wachsen dürfen, bilden Hauswurzen eine Fülle an „Kindeln“, die sich zunehmend ausbreiten. Die fleischigen Blätter enthalten ein Frostschutzmittel, das sie vor Kälteschäden bewahrt. Ein Winterschutz ist deshalb nicht nötig.

Das Edelweiß mit seinen schönen Blüten ist eine der bekanntesten Gebirgspflanzen

damit die schönen Blüten gut zur Wirkung kommen.

Pflege
Nach der Pflanzung ist die Wasserversorgung nicht zu vernachlässigen, insbesondere im Regenschatten etwa unter Felsvorsprüngen. Im Winter mit Reisig vor Frostschäden schützen.

Salbei
(Salvia officinalis)

Merkmale
Im Steingarten dürfen auch Kräuterpflanzen nicht fehlen. Denn Lavendel, Bergbohnenkraut, Thymian und andere Arten kommen auch wild in den Bergen vor. Neben diesen Kräutern lässt sich auch der Echte Salbei aufnehmen.

Der immergrüne Strauch aus dem Mittelmeerraum bildet einen kniehohen Busch, dessen silbrige Blätter im Winter erhalten bleiben. Im Sommer zeigt er schöne blaue Blüten.

Standort
Die nicht ganz winterharten Sträucher sollten einen geschützten Platz in einer südseitigen ausgerichteten Stelle im Steingarten bekommen. Der Boden sollte wasserdurchlässig sein.

Pflege
Im Winter bekommt den immergrünen Gehölzen ein luftiger Frostschutz aus Fichtenreisig gut.

Lavendelblättriger Salbei breitet sich im Steingarten flächig aus

Lavendel mit seinen duftenden Blüten darf in keinem Steingarten fehlen

Lavendel
(Lavandula angustifolia)

Merkmale
Die verschiedenen Lavendelarten kommen am Mittelmeer wildwachsend vor. Mittlerweile haben sich die recht robusten Halbsträucher in anderen Regionen der Erde etabliert und zwar auch nördlich der Alpen.

Durch Züchtung sind Sorten entstanden, die selbst strenge Winter unbeschadet hinnehmen. Die Pflanzen bilden holzige Büsche, die mit den Jahren zunehmend üppiger werden. Das Strauchwerk nimmt zwar einen Rückschnitt hin, dennoch sollte es sich ungehindert entwickeln können. Das Einkürzen der jungen, krautigen Triebe schadet dagegen nicht, sondern fördert einen buschigen Wuchs. Im Winter tut den immergrünen Trieben ein Frostschutz etwa aus Fichtenreisig gut. Die duftenden Blüten entwickeln sich nach dem Austrieb an jungen Trieben und öffnen sich im Sommer.

Standort
Wie der Salbei sollte der Lavendel einen geschützten Platz erhalten. Beide Kräuterpflanzen gedeihen am besten in sonniger Lage.

Pflege
Neben dem Frostschutz mit Reisig lässt sich der Lavendel durch einen maßvollen Rückschnitt kompakt und buschig gestalten.

Blaukissen
(Aubrieta)

Merkmale
Auch wenn die Blütezeit nur wenige Tage im Frühjahr andauert, so sind die genügsamen Kreuzblütler in dieser Zeit eine Pracht. Sie passen gut zum gelben Steinkraut und dem pinkfarbenen Polsterphlox. Wie bei

anderen Polsterstauden empfiehlt es sich, mehrere Exemplare einer Sorte in Gruppen zu pflanzen, um die Wirkung zu verstärken.

Standort
Die kleinen Polster gedeihen am besten in südseitig ausgerichteten Trockenmauern oder auf sonnigen Steingärten.

Pflege
Außer dem Ausputzen von welken Pflanzenteilen brauchen Blaukissen keine besondere Pflege.

Mauerpfeffer
(Sedum-Arten)

Mermale
In der Natur siedeln sich die heimischen Arten dieser kleinen dickblättrigen Stauden wie der Weiße Mauerpfeffer *(S. album)* oder der Scharfe Mauerpfeffer *(S. acre)* in Mauerritzen oder verlassenen Steinbrüchen an.

Sie kommen mit den natürlichen Niederschlägen aus und brauchen keine Pflege. Ebenso genügsam sind Fetthennen *(S. telephium),* die ihre Blüten erst im Spätsommer entfalten, sowie die Tripmadam *(S. reflexum),* die als Küchenkraut kultiviert wird.

Standort
Die wüchsigen Sukkulenten eignen sich vorzüglich zum Verwildern in Kiesbeeten und Schotterflächen oder auch auf begrünten Dächern.

Pflege
Ausgewachsene Pflanzen brauchen so gut wie keine Pflege; die hohen

Die Blüten des Blaukissens zeigen sich schon im zeitigen Frühjahr

Die zu den Sedum-Arten gehörende Tripmadam ist ein beliebtes Würzkraut

Die blauen Blüten des Enzians sind eine Zierde für jeden Steingarten

Fetthennen *(S. telephium)* erhalten im Frühjahr einen Rückschnitt.

Enzian
(Gentiana)

Merkmale
Der Gelbe Enzian kommt in den Bergen vorwiegend auf moorigen Böden vor, da er keinen Kalk verträgt. Im Garten lässt er sich auf Dauer nur auf sauren Böden ansiedeln, die mit Moorbeet-Substrat verbessert wurden. Dagegen kommen kalkverträgliche Arten wie der Frühlingsenzian *(G. verna)* auch in Trockenmauern oder Steingärten aus Kalkbruchsteinen zurecht. Bei der Auswahl dieser schönen blauen (bzw. gelben) Steingartenpflanzen sind die Bedürfnisse der jeweiligen Arten zu beachten.

Standort
Die Bodenvorbereitung richtet sich nach den ausgewählten Enzian-Arten, oder man wählt geeignete Arten für den im Garten vorhandenen Boden.

Pflege
Ein Winterschutz mit luftigem Material (Laub und Fichtenreisig) bewahrt die Stauden vor Kälteschäden.

Katzenminze
(Nepeta faassenii)

Merkmale
Bemerkenswert ist ihre Fülle an blauen Blüten, die den ganzen Sommer hindurch anhält. Die Katzenminze lässt sich gut mit Kräutern kombinieren. Sie passt aber auch auf Trockenmauern, wo sie überhängend wächst.

Standort
Die vitalen Stauden brauchen einen freien Platz, wo sie sich ungehindert ausbreiten können.

Pflege
Ein Rückschnitt im Frühjahr direkt über dem Boden hat kräftigen Neuaustrieb zur Folge. Im Sommer die welken Blütenstände nicht zu früh entfernen.

Katzenminze ist anspruchslos. Sie verträgt einen kräftigen Rückschnitt

Tipps vom Experten

Praktische Steingartenpflege

Der Gartenexperte Peter Himmelhuber hat schon zahlreiche Steingärten angelegt. Er empfiehlt zur Steingartenpflege: „Die Pflege richtet sich nach der Art der Anlage. Eine Trockenmauer mit genügsamen Polsterstauden oder ein Schotterbeet mit Wildpflanzen brauchen weniger Pflege als ein typisches Alpinum mit ausgewählten Gewächsen oder ein Steingarten mit Küchenkräutern.

Die Pflege beginnt im Frühjahr mit dem Entfernen des Frostschutzes und dem Beseitigen der Frostschäden, etwa durch den Rückschnitt von Rosen und dürren Stängeln bei Blütenstauden. Nach dem Winter bietet sich eine gute Gelegenheit zur Überprüfung des Pflanzenbestandes und für Umpflanzungen, Ergänzungen und Erneuerungen. Im Zuge der Renovierung ist auch der allgemeine Schnitt der Rosen und Ziergehölze an der Reihe. Er muss rechtzeitig vor dem Austrieb erfolgen. Nur bei Frühblühern wie bei Forsythien und Zierjohannisbeeren erfolgt der Schnitt erst nach der Blüte. Einem Schnitt im Winter würden auch Blütentriebe zum Opfer fallen.

Schonung brauchen ebenso die frühblühenden Zwiebelblumen, wie Netziris *(Iris reticulata)*, Schneeglöckchen *(Galanthus nivalis)* oder Winterlinge *(Eranthis hyemalis)*. Sie sollten nach der Blüte in Ruhe einziehen, damit sie Kräfte sammeln können. Durch den Rückschnitt der welken Blütenstände und Blätter gehen wertvolle Nährstoffe verloren.

Die Pflanzzeit für frühblühende Wildzwiebeln beginnt im September und dauert bis zum Dezember an, solange der Boden nicht gefroren ist."

Was die Bewässerung im Sommer angeht, rät Peter Himmelhuber: „Hauswurzen, Mauerpfeffer und andere typische Steingartenpflanzen zeichnen sich durch eine besondere Trockenheitsresistenz aus, da ihre fleischigen Blätter Wasser speichern können. Im Steingarten gedeihen neben diesen Sukkulenten allerdings auch gewöhnliche Blütenstauden oder Sommerblumen wie Tagetes, Gazanien oder Ringelblumen. Und die sind auf regelmäßige Wassergaben angewiesen. Besonders, wenn sie in durchlässigem, mineralischem Substrat sitzen."

Sukkulenten wie die verschiedenen Sedum-Arten – hier die beliebte Fetthenne – können Wasser speichern

Beeteinfassungen gliedern den Garten

Feste Beeteinfassungen aus Palisaden oder Natursteinen halten wuchernde Pflanzen im Zaum und helfen, den Garten aufzuteilen

Alle Rabatten und Gemüsebeete wären bald mit Gräsern, Kräutern und Klee durchwachsen, wenn sich der Rasen ungehindert ausbreiten dürfte. Genauso würden wuchernde Stauden ineinander greifen und weniger vitale Pflanzen unterdrücken. Aus diesem Grund nimmt das Eindämmen der Rasenfläche, das Reduzieren der Bodendeckerteppiche oder das Umpflanzen der Staudenhorste viel Pflegearbeit in Anspruch. Die Rasenkante muss nach jeder Mahd frisch gestochen werden, wuchernde Cotoneaster

Beeteinfassungen aus Stein gibt's in vielen Varianten. Möglich sind Abgrenzungen aus Natursteinen (gegenüberliegende Seite), aus gerundeten Betonsteinen (links) oder auch aus Formziegeln (rechts)

sind immer wieder mit der Schere zu reduzieren und üppige Staudenhorste müssen geteilt und umgepflanzt werden.

Der Ausbreitungsdrang der Gräser, Bodendecker und Stauden ist aber auch mit festen niedrigen Bollwerken zu bremsen. Der Handel bietet eine Reihe wirksamer Beeteinfassungen an. Zu empfehlen sind Natur- und Kunststeine, imprägnierte Bretter, Rundhölzer, senkrecht eingeschla-

Ein weiteres Beispiel für eine Einfassung aus Stein

Eine Beeteinfassung aus Naturstein

Eine Beeteinfassung aus Betonpflaster

gene Palisaden oder niedrige Hecken, um die Beete dauerhaft einzugrenzen.

Unterirdische Wurzelausläufer des Sanddorn werden beispielsweise nur von tiefen lückenlosen Platten zurückgehalten. Dazu bieten sich Betonfertigteile an, die unsichtbar in den Boden eingesenkt werden. Oberflächlich wucherndes Gras ist schon mit flachen Kantensteinen wirksam von den Blumenbeeten fernzuhalten. Je nach Einsatzgebiet wählt man die richtige Beeteinfassung.

Einfassungen aus Natur- und Kunststein

Im Gegensatz zu anderen Materialien wie Holz und Kunststoff sind viele Natur- und Kunststeineinfassungen besonders dauerhaft. Aus Naturstein lassen sich phantasievolle Einfassungen gestalten. So kann man z. B. gebrannte Ziegel reihenweise hochkantig einsenken, Streifen aus quadratischen Pflastersteinen zwischen Wege und Pflanzflächen setzen, ebene Beete mit fertig behauenen Bordsteinen aus Granit dauerhaft einfassen oder Beete am Hang mit hohen Winkelsteinen aus Beton vor Erosion schützen.

Attraktiv gestaltete Pflanzstreifen

Ein einfaches Gestaltungselement, um Beete, Rabatten und auch Wege abzugrenzen und in Schmuckstücke zu verwandeln, sind die Einfassungspflanzen selbst. Die niedrige Buchsbaumhecke ist mit der Wiederentdeckung des Bauerngartens zu neuen Ehren gekommen. Das satte Grün des Buchses als Einfassung wirkt am besten in farbigen Gärten. In überwiegend grünen, mit viel Rasen angelegten Gärten, darf es bei den Einfassungspflanzen ruhig bunt zugehen. Infrage kommen alle klassischen Einfassungspflanzen, wie Vergissmeinnicht, Maßliebchen, Studentenblumen, Begonien, Leberbalsam, Steinkraut, Stiefmütterchen und Lobelien. Warum also als Alternative zur üblichen Rasenkante nicht einmal ein buntes Band aus Sommerblumen setzen?

Wichtig ist bei einer solchen Einfassung allerdings, dass nur eine Pflanzenart verwendet wird oder mehrere, die in einem sich ständig wiederholenden Muster angeordnet werden sollten. Sinnvoll ist es, sich nach dem allgemeinen Stil des Gartens zu richten.

Natursteine passen zu jeder Bepflanzung

Holz oder Kunststoff

Alternativ zu Pflanzstreifen oder den bereits oben angesprochenen Einfassungen aus Stein können Sie auch andere Materialien verwenden. Der Handel bietet eine große Auswahl an Einfassungselementen an, z. B. auch aus witterungsbeständig imprägniertem Holz oder Kunststoff.

Holz lässt viele Gestaltungsmöglichkeiten zu. Liegende Rundholzrohlinge halten lose Erde in einem frisch angelegten Heidebeet, kesseldruckimprägnierte Rundhölzer bilden standhafte Palisaden, wenn sie senkrecht in den Boden geschlagen werden. Eingesenkte Bretter können den Rasen schmuckvoll vom Rosenbeet trennen, und mit Kanthölzern sind Kräuterbeete einfach aufzuteilen.

Von gewöhnlichen Kunststoffeinfassungen ist abzuraten, denn manche Kunststoffe werden durch Sonnenlicht spröde. Die Einfassungsstreifen aus gewelltem oder glattem Plastik treffen außerdem nicht jedermanns Geschmack. Kunststoffeinfassungen können aber nützlich sein, wenn es z. B. darum geht, feuchte Beete mit Folie von Trockengebieten abzugrenzen. Eingesenkte Streifen aus Teichfolie sind als Wurzelschutz wirksam.

Einfassungsstreifen richtig setzen

Bevor Sie Kantensteine, eine Holzpalisade oder andere Einfassungen

Beton- und Ziegelsteine wirken immer etwas strenger, auch wenn sie mit Holz kombiniert werden (links)

setzen, sollten Sie den Verlauf markieren. Man kann dazu einfach den Spaten in die Erde stechen und so eine schmale Rille ziehen oder Pflöcke einschlagen und eine Richtschnur spannen. Für eine tiefe Beeteinfassung als Wurzelschutz oder zur Hangbefestigung muss ein ausreichender Graben ausgehoben werden. Eine optisch wirksame Einfassung braucht man nur oberflächlich einzusenken. Es genügt, dazu einen schmalen Streifen Mutterboden auszustechen und die Rundhölzer oder die Kantensteine flach einzusenken bzw. die Palisadenpfähle an der Richtschnur entlang in den Boden zu rammen.

Einfassungs-Buchs oder andere kleinbleibende Gehölze werden in geringen Abständen in die vorbereiteten Pflanzstreifen gesetzt, damit sie rasch zu dichten Einfassungen verwachsen. Achten Sie bei der Befestigung von Rasenkanten auf das Niveau der Einfassung. Die Hölzer oder die Steine dürfen nicht beim Mähen behindern! Man senkt sie ein und klopft sie mit dem Gummihammer fest, bis die Oberkanten mit der Erdoberfläche abschließen. Schon bei der Neuanlage eines Gartens kann man feste Einfassungen setzen. Vor den Erdarbeiten werden die Beete abgesteckt und mit dem gewünschten Material eingerahmt. Auf diese Weise lässt sich der Gemüsegarten streng gliedern. Zwischen den Beeten kann man Platten legen, die den Zugang zum Gemüsegarten bei jedem Wetter ermöglichen. Ebenso lassen sich Blumenbeete symmetrisch gestalten. Man kann etwa durch eine stabile Einfassung aus Natursteinen ein dauerhaftes Rosenrondell anlegen.

TIPP: Unbehandeltes Holz verwenden!

Mit Imprägniermitteln wie Teeröl geschützte Hölzer sind als Beeteinfassungen ungeeignet, denn die Giftstoffe können in den Boden eindringen. Besser sind Rundhölzer von der Robinie oder Eiche, die den Fäulnisbakterien auch ohne Holzschutz lange Widerstand bieten.

Feste Beeteinfassungen aus Steinen im Mörtelbett

1 Für eine dauerhafte Beeteinfassung aus Pflastersteinen muss ein etwa 20 cm tiefer Graben ausgehoben werden

2 In den Graben füllt man eine erdfeuchte Mischung aus Zement und Betonkies im Verhältnis von 1 : 6–8

3 Damit Sie die Steine auf gleiche Höhe ausrichten können, werden Pflöcke für die Richtschnüre eingeschlagen

4 Der erste Stein wird ins Mörtelbett gesetzt und mit dem Gummihammer an der Schnur ausgerichtet

5 Stein wird nun neben Stein gesetzt und so lange ins Mörtelbett getrieben, bis er genau an der Schnur fluchtet

6 Sind alle Steine verlegt, wartet man zwei Tage, bis man den Graben wieder mit der Erde füllt

Hochbeete liefern reichen Ertrag

Hochbeete geben dem Garten mehr Ordnung. Außerdem erleichtern sie das Arbeiten, weil sie von allen Seiten gut erreichbar sind

Der Bau eines Hochbeetes ist mit wenigen Mitteln möglich. Dazu eignen sich beispielsweise Bohlen, die zu einem festen Holzkasten zusammengebaut werden. Das können unbehandelte Bretter oder Balken sein, die nach der Verrottung ersetzt werden oder auch kesseldruckimprägnierte Holzbauteile, die länger haltbar sind. Eisenbahnschwellen, die zwar eine stabile, haltbare Wandung bilden, sind weniger ge-

Hochbeete können aus den verschiedensten Materialien gebaut werden. Hier eine Konstruktion aus Rundhölzern und Reisig

TIPP: Hochbeete aus Betonringen

Massive und dauerhafte Hochbeete lassen sich auch aus Betonfertigteilen erstellen. Dazu können beispielsweise Brunnenringe aus Beton dienen, die es in verschiedenen Größen im Baustoffhandel gibt. Der graue Beton kann mit Fassadenfarbe freundlicher gestaltet werden. Die Lieferung der schweren Ringe ist nur mit einem Kranwagen möglich, der sie an die gewünschte Stelle hievt.

eignet. Sie enthalten giftige Holzschutzmittel, die ins Erdreich gelangen. Außerdem verbreiten sie insbesondere an heißen Tagen üble Gerüche. Wenn dieser Baustoff dennoch genutzt werden soll, ist das Auskleiden der Hochbeete mit Teichfolie empfehlenswert. Der Boden sollte natürlich frei und unversiegelt bleiben. Zumindest sind Wasserabzugslöcher in der Folie nötig. Das gilt auch für gemauerte Hochbeete oder für Kästen aus Beton.

Grundsätzlich sollte jeder Kasten richtig befüllt werden. Obwohl sich auch gute Gartenerde pur als Substrat eignet, hat eine schichtweise Füllung mit ausgewählten Materialien Vorteile.

Die unterste Schicht aus Zweigen fördert die Durchlüftung. Die zweite Schicht aus verrottetem Stallmist kommt der Nährstoffversorgung zugute. Diese beiden Schichten sollten festgetreten werden, sonst sacken sie nach kurzer Zeit zusammen. Die nächste Schicht besteht aus guter Gartenerde. Damit wird das Hochbeet bis etwa 20 cm unter der Oberkante aufgefüllt. Darauf kommt ein lockeres, nährstoffreiches Substrat aus Kompost und Gartenerde.

Mischkulturen

Die kleine Pflanzfläche bietet sich für intensive Mischkulturen an. Hochbeete sind ideal für beliebige Kombinationen aus verschiedenen Gemüsearten, Kräutern und auch Blumen.

Bei der Aussaat und Pflanzung müssen Sie sich natürlich genau nach den Ansprüchen der entsprechenden Pflanzen richten.

Pflege

Zunächst erfordert der Bau eines Hochbeetes durchaus viel Mühe. Später aber machen sich die Materialbeschaffung und der Aufbau bezahlt. Die hohe Arbeitsebene erleichtert die Versorgung wesentlich, obwohl der Wasserverbrauch im Sommer etwas größer ist als bei ebenerdigen Beeten. Die Höhe, Breite und Länge lassen sich beliebig gestalten und an vorhandene Flächen wunschgemäß anpassen.

Hügelbeet

Das Hügelbeet ist eine besondere Form eines Hochbeetes. Es wird ohne festen Rahmen lose aufgeschichtet. Die Lagen und Schichtungen sind aber dem eines Hochbeetes gleich.

Die Wasserversorgung ist durchaus schwieriger, zumal das Gießwasser nicht auf der gewölbten Oberfläche stehen bleibt. Die Verdunstung lässt sich jedoch durch das Mulchen der Beetoberfläche deutlich vermindern.

Hochbeetkasten bauen

1 Mobile Hochbeete können Sie aus Brettern bauen. Man verschraubt sie im Eckbereich mit Kanthölzern

2 Nach Bedarf werden mehrere Etagen der vorbereiteten Kastenelemente aufeinandergesetzt und mit Erde befüllt

3 Schon können Sie mit der Bepflanzung beginnen. Der Vorteil: Man muss sich nicht so tief bücken wie zum Beet

4 Durch einen Glaskastenaufsatz machen Sie Ihr Hochbeet zum Frühbeet

Für die Wandungen von Hochbeeten lassen sich die verschiedensten Materialien verwenden, beispielsweise Geflechte aus Seil, Jute oder Weide

Hochbeete erleichtern das Arbeiten, weil man sich nicht bücken muss, und gleichzeitig gliedern sie den Garten

Kräuterspirale für Hobby-Köche

Da die meisten Kräuter Sonne lieben, fühlen sie sich zwischen den als Wärmespeicher dienenden Steinen besonders wohl

Wenn Sie in Ihrem Garten den Aufbau einer Trockenmauer planen, so überlegen Sie, ob eine Kräuterspirale nicht eine sinnvolle Ergänzung sein könnte. Eine Kräuterspirale ist im Prinzip eine Trockenmauer in runder Form. Sie wird mehr oder weniger streng aufgebaut und mit ausgewählten Kräutern bepflanzt. Dazu dienen vorzugsweise mehrjährige Arten, die zunehmend üppigere Büsche fürs Auge oder auch zum Ernten entwickeln. So können gehölzartige Kräuter wie Salbei, Lavendel, Ysop und Thymian, sowie staudenartige wie Pfefferminze, Zitronenmelisse und Oregano (wilder Majoran) den besonderen Kräutergarten in wenigen Jahren überwuchern. Je nach Bedarf stehen dann im Sommer hindurch stets frische Triebe für die Ernte bereit. Den Pflanzen schadet das Abpflücken nicht. Sie werden dadurch sogar zu Verzweigung und buschigem Wuchs angeregt.

Genügsame Gewächse

Kräuter sind recht genügsame und robuste Pflanzen. Sie kommen mit wenig Wurzelraum aus. Umso mehr eignen sich Steingärten für die Kultur dieser nützlichen Zierpflanzen. Sie lassen sich ihrer Natur entsprechend selbst in den Fugen von einfachen Steinhaufen ansiedeln, wenn sie ein wenig Erde finden. Genauso ist die Pflanzung in systematisch aufgebauten Kräuterspiralen möglich.

Die Kräuter mediterranen Ursprungs mit dem höchsten Wärmebedarf kommen in der Kräuterspirale ganz nach oben

Kräuterspirale bauen

1 Die Spirale wird in der vorgesehenen Größe aus dem Erdreich geformt. Lehmigen Boden mit Sand lockern

2 Damit die unregelmäßigen Felssteine sich gut ausrichten lassen, kann man Feinkies auslegen

3 Soll die Kräuterspirale auch mit Wasserpflanzen ergänzt werden, wird ein Mini-Teich aus Folie angelegt

4 Ganz außen am Fuß der Spirale beginnend, werden die Steine nun nebeneinander ausgelegt und ausgerichtet

5 Die Zwischenräume der Steine mit Pflanzsubstrat füllen, bis die Konstruktion ausreichende Stabilität erreicht

6 Nun kann es ans Bepflanzen gehen. Die Tabelle auf Seite 109 zeigt eine typische Auswahl geeigneter Kräuter

Feldlesesteine nutzen

Baumaterial für eine Kräuterspirale finden Sie oft in der Umgebung oder im eigenen Garten. So sind große Feldsteine oder Steinbrocken, die an Feldrändern liegen oder im Garten bei Erdarbeiten anfallen, gut genug.

Der Aufbau ist auch mit Ziegeln, Granitsteinen oder Pflastersteinen machbar. In Steinbrüchen oder Schotterwerken in der Region sind Bruchsteine meist recht günstig zu bekommen.

Die verschiedenen Kräuter gedeihen in den Fugen aller möglichen Steinarten. Sie brauchen nur die nötige Erde zum Anwachsen und Einwurzeln.

Die Steine zum Bau einer Kräuterspirale können Sie sich von einem Steinbruch liefern lassen.

Pflanzsubstrat

Die meisten Kräuter brauchen kein besonderes Substrat. Allerdings lohnt es sich, sehr lehmigen Gartenboden mit Sand (gewöhnlichem Bausand) zu lockern. Kompost trägt ebenfalls zur Lockerung bei und fördert die Nährstoffversorgung.

Bewährt hat sich ein Substrat aus Gartenerde, Sand und Kompost zu gleichen Teilen. Wenn die Anlage eines solchen Kräutergartens im Winter geplant ist, sollte man sich eine Periode mit etwas milderem Wetter aussuchen.

Nicht ganz frostharte Kräuter, wie Rosmarin oder Ysop erhalten nach der Pflanzung einen Schutz aus Laub und Fichtenreisig oder werden erst im Frühjahr gepflanzt.

Im Mini-Teich der Spirale wachsen Brunnenkresse und Wasserminze

Tipps von der Expertin

Kräuterspiralen bepflanzen

Gartenbauingenieurin Hildegard Stöckel empfiehlt zur Bepflanzung der Kräuterspirale: „Zum Bepflanzen eignen sich vorzugsweise Kräuter in Töpfen, die schon kräftige Wurzelballen haben. Sie wachsen zügig an und bilden bald dichte Bestände. Aber auch eigene Gartenkräuter sind durch Teilung oder durch Aussaat vermehrbar. Es gibt im Übrigen keine strengen Auswahl- und Pflanzregeln. Die Wurzelballen werden einfach in freie Fugen gedrückt. Sie müssen natürlich fest sitzen und mit Erde bedeckt sein. Während die trockenheitsresistenten Arten wie Mauerpfeffer, Salbei oder Lavendel im oberen Bereich der Schnecke angesiedelt werden, bekommen Pfefferminze, Zitronenmelisse oder Beinwell besser einen Platz an der Basis, wo sie stets feuchte Erde vorfinden. Zu bedenken ist auch, dass strauchförmige Arten wie der Salbei oder der Lavendel große mehrjährige Büsche bilden, die einen Durchmesser von mehr als 50 cm erreichen. Auch staudenartige Kräuter wie die Zitronenmelisse oder die Pfefferminze breiten sich stark aus. Die Minze bildet dabei besonders kräftige Wurzelausläufer. Die starkwüchsigen Arten müssen in ausreichendem Abstand zu den schwächer wachsenden wie Basilikum, Thymian oder Bohnenkraut eingesetzt werden."

Ideal für die Bepflanzung der Kräuterspirale sind kräftige Topfpflanzen

Die wichtigsten Kräuter in der Übersicht

Pflanze	Höhe	Standort	Kultur	Verwendung
Basilikum	20–30 cm	sonnig-halbschattig	einjährig	Würzkraut
Liebstöckel	bis 150 cm	sonnig-halbschattig	mehrjährige Staude	Würzkraut
Oregano	30–50 cm	vollsonnig	mehrjährige Staude	Pizzagewürz
Petersilie	20–30 cm	sonnig-halbschattig	zweijährige Pflanze	Würzkraut
Rosmarin	30–50 cm	vollsonnig	mehrjähriger Strauch	Würzkraut
Salbei	50–70 cm	vollsonnig	mehrjähriger Strauch	Würzkraut
Schnittlauch	30–50 cm	sonnig-halbschattig	mehrjährige Staude	Würzkraut
Thymian	10–30 cm	vollsonnig	mehrjähriger Zwergstrauch	Pizzagewürz
Zitronenmelisse	30–50 cm	sonnig-halbschattig	mehrjährige Staude	für Tees

Basilikum – Im Mai ins Freiland ausgesät kann es von Juni bis November geerntet werden

Liebstöckel wächst sehr hoch und eignet sich daher gut für die Hintergrundbepflanzung

Oregano – die wilde Form des Majorans findet in der italienischen Küche sehr viel Verwendung

Petersilie – Man verwendet sie zum Würzen und zum Garnieren

Rosmarin – keimt langsam, daher besser nicht selbst ziehen

Salbei – zum Würzen, aber auch als Teeaufguss sehr beliebt

Schnittlauch – Eingefroren kann man ihn auch im Winter verwenden

Thymian – Er passt fast zu allem: Fleisch, Fisch, Gemüse etc. Ein echter Allrounder

Zitronenmelisse – ihr frischer Zitronengeschmack macht die Melisse so vielseitig verwendbar

Gartengestaltung mit Holz

- Materialkunde Gartenhölzer
- Wichtige Arbeitstechniken
- Zäune als Gartengrenze
- Sichtschutz mit Holzelementen
- So werden Pergolen gebaut
- Pflanzen für die Pergolabegrünung
- Holzterrassen fachgerecht bauen

Materialkunde Gartenhölzer

Gartenanlagen mit Holz zu gestalten, ist ein Trend, der immer mehr Anhänger findet. Setzen auch Sie auf Holz im Grünen!

Pergolen mit geschwungenen Hölzern, Rankgitter in kunstvollen geometrischen Formen, vorgefertigte Bodenroste, Baukastensysteme aus Palisaden – kein Gestaltungswunsch muss bei diesem breit gefächerten Angebot unerfüllt bleiben. Doch schon bei Planung und Einkauf ist schnell der erste gravierende Fehler gemacht: Häufig wird bei der Gestaltung kleiner Gärten zu viel des Guten getan. Typisch sind die Grünflächen frisch angelegter Reihenhaussiedlungen: Sobald Bagger und Planierraupen das Terrain verlassen haben, werden die „Claims“ abgesteckt und durch Zäune, Palisaden oder hohe Sichtschutz-

Pergolen werden häufig mit Sichtschutzelementen kombiniert

elemente vor unerwünschtem Betreten und neugierigen Blicken geschützt. Je kleiner die Grundstücke, desto gewaltiger sind oft die wetterfest lasierten oder kesseldruckimprägnierten Bollwerke. Hier sollten Sie also unbedingt darauf achten, dass die Proportionen stimmen. Im Zweifelsfall legen Sie sich für die Planung ein maßstabsgerechtes Modell Ihres Gartens an.

Materialkunde Gartenhölzer

Der zweite Kardinalfehler beim Kauf von Gartenhölzern liegt darin, die Qualität zu vernachlässigen. Sonderangebote eilig zusammengeschusterter Fertigelemente bestimmen heute die Gartenbauszene. Solche Pergolen und Sichtschutzelemente zum Schleuderpreis bestehen häufig aus minderwertigen und schlecht verarbeiteten Hölzern, die im Eilzugtempo durch die Imprägnierkessel geschickt wurden. Der Mangel an Qualität zeigt sich schon nach kurzer Zeit. Selten halten solche Hölzer länger als fünf Jahre.

Nicht zuletzt sind es aber auch Fehler bei der Verarbeitung und beim Einbau der Gartenhölzer, die schon

TIPP: Praktische Pfostenabdeckungen

Bei Pfosten, die im Garten für den Bau von Pergolen, Zäunen, Sichtschutzelementen usw. verwendet werden, ist das nach oben ungeschützte Ende eine Angriffsfläche für die Witterung. Das Holz saugt dort bei jedem Regen Feuchtigkeit auf, was auf Dauer zu Rissen und sogar zu Fäulnis führen kann. Schutz für die Pfostenköpfe bieten solche Abdeckungen, die zudem gut aussehen. Daneben gibt es auch Abdeckungen aus verzinktem Stahl, teilweise sogar mit dekorativen Kugeln. Diese sind allerdings teurer als Holz.

Hochwertige Pfosten bestehen aus schichtverleimtem Holz

nach kurzer Zeit die Freude am liebevoll gestalteten Garten trüben. Abgesackte Holzdecks, umgestürzte Pergolen und abgefaulte Zaunpfosten müssen aber nicht sein. Wer sich an den Verarbeitungstipps dieses Ratgebers orientiert, kann seinen Gartenhölzern eine Lebensdauer von Jahrzehnten verleihen.

Kesseldruckimprägnierte Konstruktionshölzer gibt es in verschiedenen Maßen

Wetterschutz für Gartenhölzer

Im Freien verbautes Holz ist durch eine Vielzahl verschiedenster Schädlinge gefährdet. Aber muss man deshalb generell mit schwersten chemischen Geschützen anrücken? Sicher nicht. Entscheidend für einen möglichen Schädlingsbefall ist der Feuchtigkeitsgehalt des Holzes. Schädliche Pilze wie auch Insekten brauchen mindestens 20 % Holzfeuchte, um ihrem zerstörerischen Werk nachgehen zu können. Holz, das nach jedem Regenguss auch wieder weitgehend abtrocknen kann, ist also deutlich weniger gefährdet als ein Pfosten, der ins Erdreich eingegraben wurde und damit ständig feucht ist. Die Grundregel für Gartenbesitzer mit ökologischem Gewissen lautet: So wenig Chemie wie möglich. Vor diesem Hintergrund sollte man zu umweltfreundlich kesseldruckimprägnierten Hölzern greifen: Sie sind mit speziellen Salzen behandelt, die unter hohem Druck in die Zellen des Materials gepresst werden und sich dauerhaft mit den Holzfasern verbinden. Dieser

Aus Zedernholz: Kombination aus geschwungener Pergola mit Zaunelementen (rechts).
Einen wettergeschützten Platz bietet der Pavillon mit Holzgerüst und Plane (unten)

Treppen und Podeste lassen sich aus imprägnierten Massivbalken bauen

Stabile Pfostenanker und Schrauben

Pfosten von Zäunen, Pergolen und anderen Holzkonstruktionen sollten Sie nach Möglichkeit nicht ins Erdreich eingraben. Besser ist die Montage mit Pfostenankern, die man in den Boden schlägt oder einbetoniert bzw. auf eine vorhandene Betonunterlage schraubt. Zur Befestigung der Pfosten an den Metallankern verwenden Sie verzinkte Maschinen- oder Schlossschrauben.

Wenn es darum geht, Holzteile miteinander zu verschrauben, werden selbstschneidende Kreuzschlitzschrauben eingesetzt.

Die verzinkte Standardausführung ist aber nur bedingt korrosionsbestän-

Holzschutz wird nicht von der Bewitterung ins Erdreich ausgewaschen. Ökologisch unbedenkliche Imprägnierungen werden durch Aufdrucke gekennzeichnet. Fichten- oder Kiefernholz, das ständigen Kontakt zum Erdreich hat, fault aber auch bei Druckimprägnierung nach einigen Jahren weg.

Daher empfiehlt es sich, Betonfundamente mit speziellen Metallträgern herzustellen, auf denen die Holzkonstruktion dann ohne Erdkontakt ruht. Wer bei den Fundamenten größeren Aufwand in Kauf nimmt, muss sich nicht über abgefaulte Pfosten ärgern.

Systemteile erleichtern die Montage: Es gibt Clipse für die Befestigung auf der Unterkonstruktion sowie Abschlussprofile für die Außenkanten

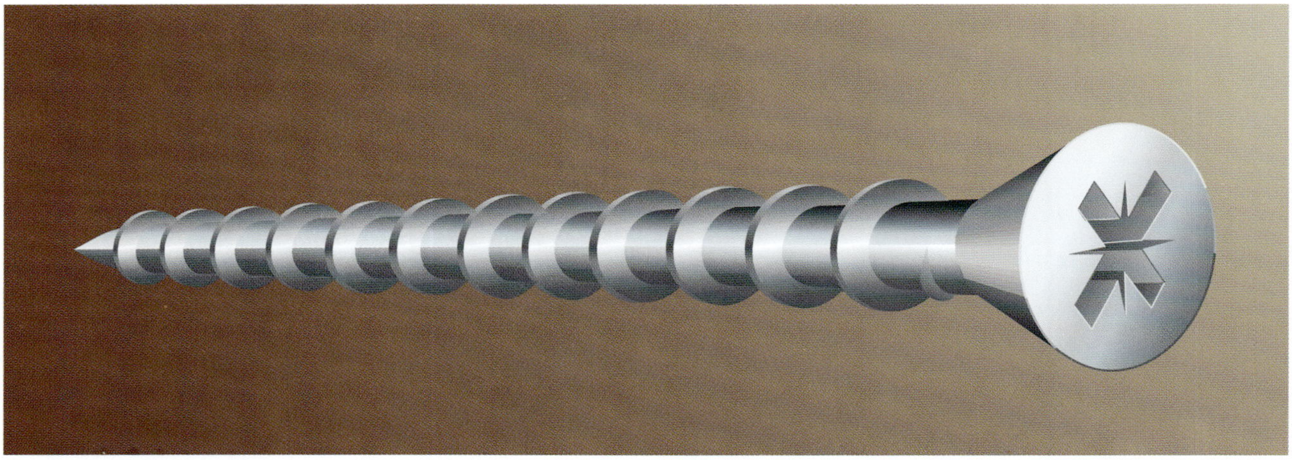

Benutzen Sie nur selbstschneidende Schrauben aus rostfreiem Edelstahl

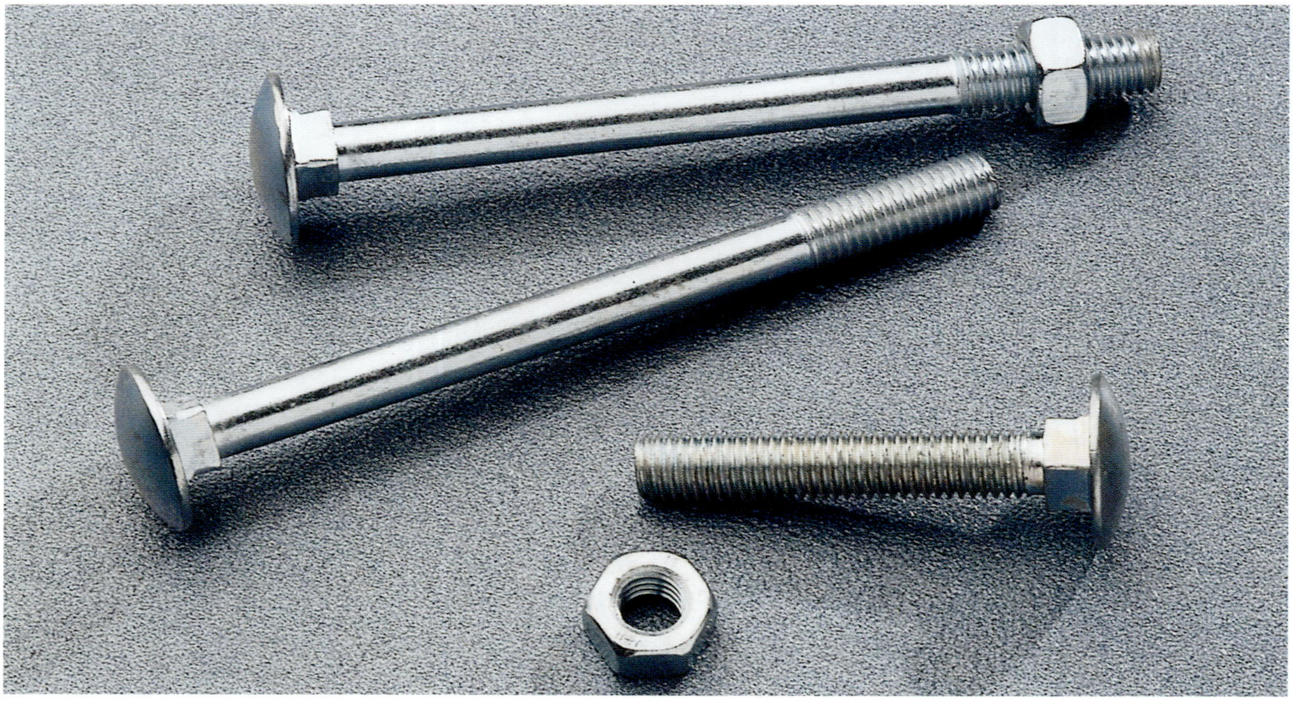

Verzinkte Schlossschrauben verbinden Pfosten mit Pfostenankern

dig. Beim Eindrehen beschädigt der Schrauber-Bit in der Regel die Verzinkung, sodass die Schraubenköpfe zu rosten beginnen. Verwenden Sie daher nur Schrauben aus rostfreiem Edelstahl. Weil Edelstahl nicht so fest ist wie normaler Stahl, sollten Sie mit einem dünnen Holzbohrer vorbohren, damit die Schraube beim Eindrehen nicht abbricht.

Oberflächenbehandlung

Imprägnierte Hölzer widerstehen der Witterung auch ohne zusätzlichen Schutz. Dennoch verlängern

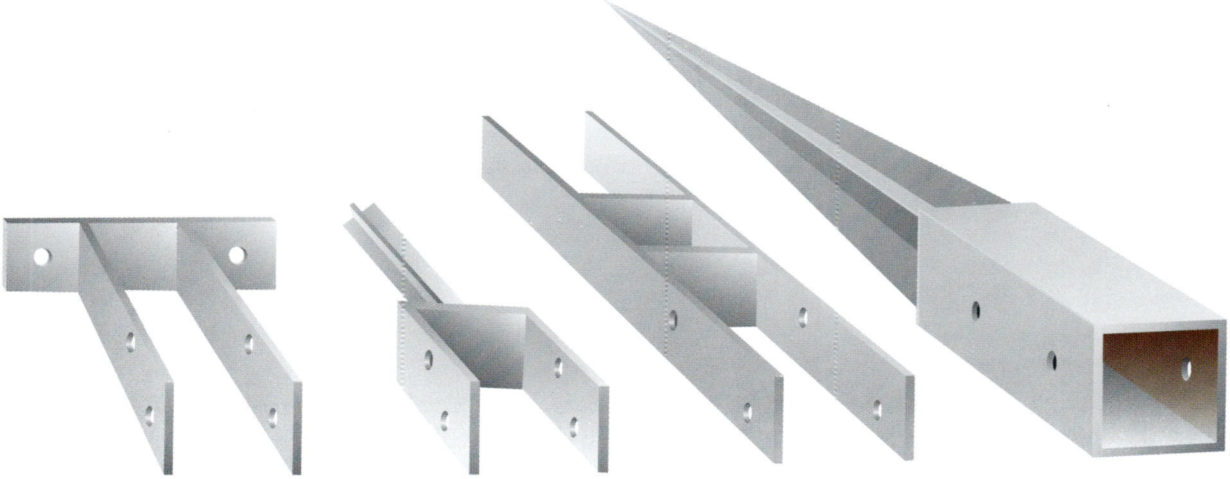

Verzinkte Pfostenanker für verschiedene Befestigungssituationen. Auf den Seiten 123 und 137 wird die fachgerechte Montage detailliert beschrieben

Im einbetonierten H-Anker hat der Pfosten optimalen Halt

Lasuranstriche das Leben des Holzes, denn die darin enthaltenen Pigmente verhindern, dass UV-Strahlen die Zellen des Holzes zerstören. Je dunkler der Anstrich, desto besser der Schutz. Rohes Holz muss auf jeden Fall mit Wetterschutzlasur behandelt werden. Wer es farbig liebt, bekommt auch atmungsaktive Naturölfarben in verschiedenen Tönen. Dass im Freien verbautes Holz durch die Witterung immer wieder nass wird, ist unvermeidlich. Darum ist der sogenannte konstruktive Holzschutz sehr wichtig. Man versucht, die Gartenhölzer so anzuordnen und zuzuschneiden, dass sich keine Feuchtigkeitsnester bilden, die nur langsam oder gar nicht abtrocknen. Die Oberseiten von Pfosten beispielsweise werden schräg zugeschnitten, um das Regenwasser ablaufen zu lassen. Alternativ kann man Pfostenkappen aus Holz oder Metall aufsetzen (siehe Tipp S. 114).

Die Oberflächen horizontal verbauter Hölzer sollten Sie ebenfalls leicht abschrägen. Auch Details sind für den konstruktiven Holzschutz wichtig. Die Köpfe von Schrauben, mit denen Sie waagerechte Bretter etwa von Holzterrassen befestigen, sollten nicht unter Brettniveau versenkt werden. Sie müssen genau bündig mit der Holzoberfläche abschließen, damit sich keine Vertiefungen bilden, in denen das Regenwasser stehen bleibt.

Auch sind alle direkten Kontakte zum Erdreich zu vermeiden, indem man Pfostenschuhe aus Metall verwendet (siehe Seite 123).

Holz ist ein wunderbares Material für Gartendecks, Pergolen und Zäune – es braucht aber guten Witterungsschutz

Wichtige Arbeitstechniken

Holz für die Gartengestaltung muss fachgerecht verarbeitet werden, damit Zäune, Pergolen und Co. stabil und wetterfest sind

Zu den meisten Sichtschutzelementen gibt es passende Gartentore. Die Schlösser von Gartentoren lassen sich mit handelsüblichen Profilzylindern ausstatten. So können Sie diesen Eingang in die Schließanlage Ihres Hauses mit einbeziehen

An erster Stelle steht bei der Bearbeitung von Gartenhölzern das Sägen. Oft reicht ein guter Fuchsschwanz aus, um beispielsweise Pergolapfosten auf die gewünschte Länge zu bringen. Zuvor gilt es, die Teile richtig abzumessen und die Sägeschnitte mit einem Winkel sauber anzureißen. Sägen Sie einen Pfosten immer von allen vier Seiten wechselweise ein, damit ein exakt rechtwinkliger Schnitt entsteht. Wer nur von einer Seite sägt, wird beobachten, dass die Säge ganz unweigerlich verläuft. Raue Sägekanten werden anschließend mit einer Raspel geglättet.

Um Abstände über längere Distanzen genau zu messen, brauchen Sie ein Rollmaßband. Eine Rolle Maurerschnur und zwei dünne Eisenstangen benötigen Sie, um längere Fluchten zu markieren. Zum genauen Ausrichten von Pfosten und Unterkonstruktionen ist eine möglichst lange Wasserwaage unerlässlich. Am besten besorgen Sie sich noch eine 2 m lange Aluschiene, an die Sie die Wasserwaage beim Ausrichten anlegen können.

Nützliche Elektrowerkzeuge

Eine Stichsäge als besonders vielseitig einsetzbares Elektrowerkzeug sollte bei umfangreicheren Holzarbeiten im Garten auf keinen Fall fehlen. Sie können damit Latten und Bretter ablängen und auch der Länge nach auftrennen. Bei größeren Querschnitten muss die Stichsäge jedoch passen. Hier können Sie einen sogenannten Elektrofuchsschwanz oder besser noch die Tandemsäge einsetzen.

Während beim Elektrofuchsschwanz das Sägeblatt ohne Führung vor und zurückschwingt und daher kaum exakt anzusetzen ist, besitzt die Tandemsäge zwei gegenläufige Sägeblätter, die an einem starren Führungsblatt befestigt sind. Mit diesem Werkzeug durchtrennen Sie selbst eine massive Schwelle genau an der vorgezeichneten Sägelinie. Sind mehrere Bretter auf gleiche Länge zu bringen, klemmt man sie mit einer Schraubzwinge zusammen und durchtrennt sie mit der Tandemsäge dann in einem einzigen Arbeitsgang. Auch Ausklinkungen und Überblattungen an massiven Balken sind mit diesem Werkzeug kein Problem. Die Handkreissäge hat immer dann ihre Vorzüge, wenn es um lange Schnitte geht. Muss ein Sichtschutzelement beispielsweise gekürzt werden, klemmt man eine Führungslatte auf und schneidet mit der Handkreissäge in einem Zug durch Rahmenhölzer und Lamellen.

Eine Bohrmaschine gehört unbedingt zur Ausrüstung. Wer allerdings

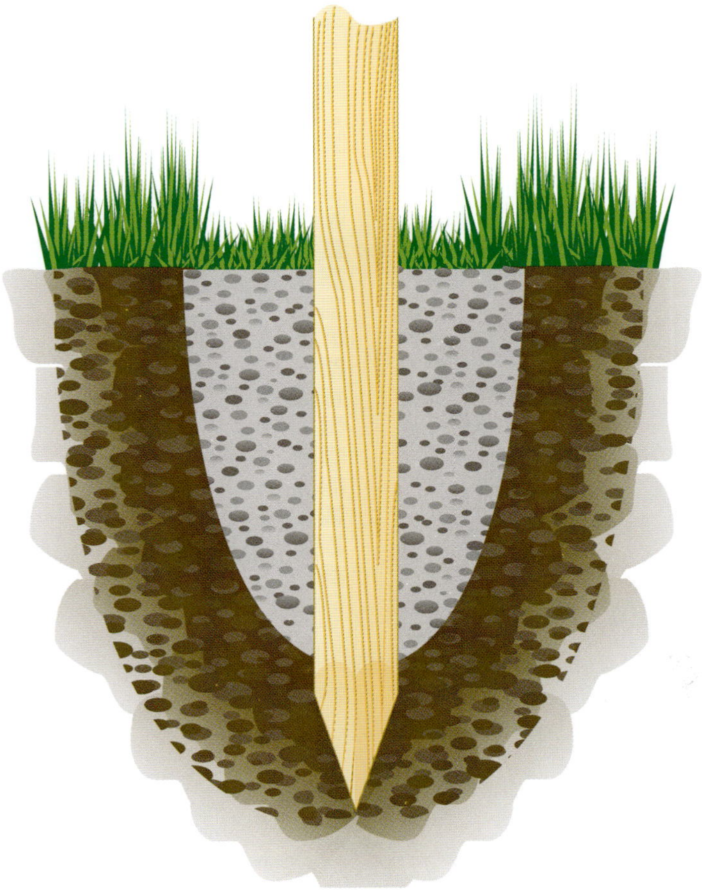

Recht hohe Belastungen verträgt ein in Beton gegossener Pfosten

Fundamente für Pfosten

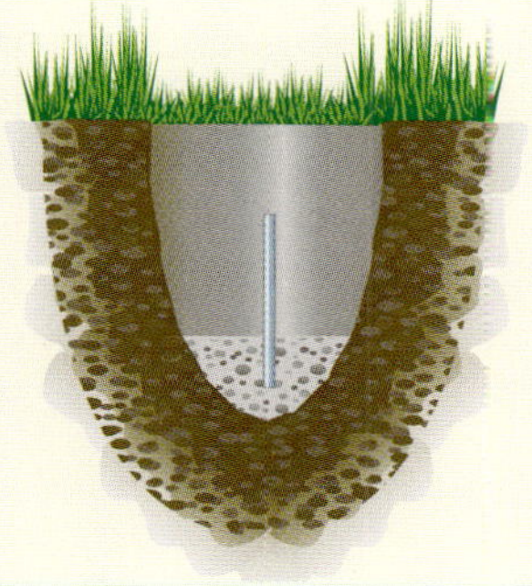

1 Zuerst müssen Sie die Bodenplatte gießen. Anschließend wird ein Moniereisen hineingesteckt

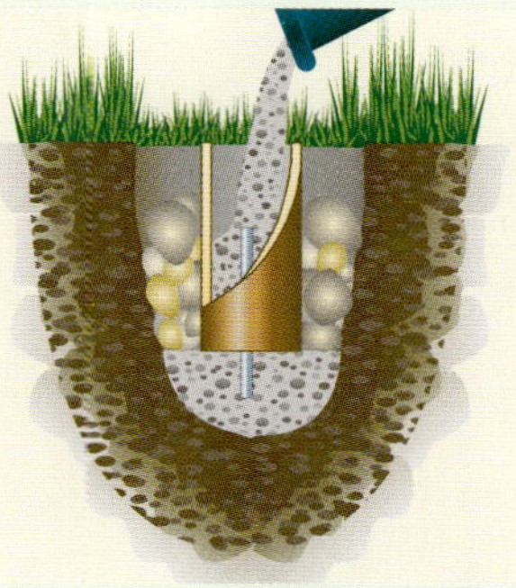

2 Am nächsten Tag ein Stück Kanalrohr auf die Platte stellen und mit Beton füllen

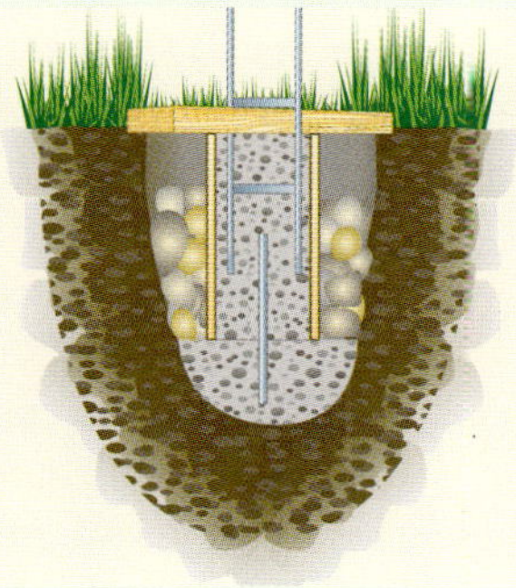

3 Der in den frischen Beton gesteckte H-förmige Anker wird mithilfe einer Latte genau ausgerichtet

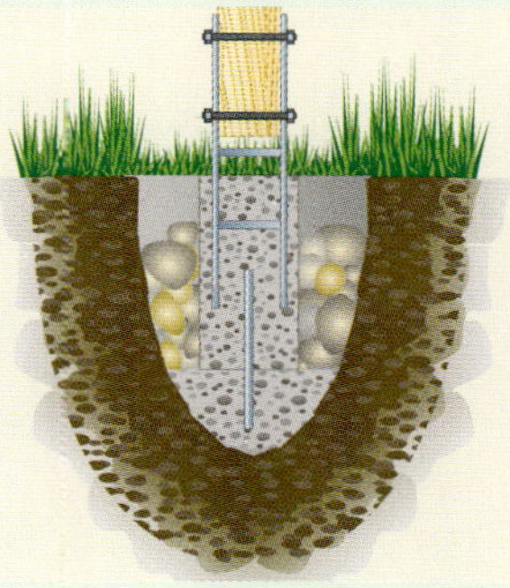

4 Zwischen den Laschen des Ankers fixieren Sie nun den Pfosten mit zwei langen Schlossschrauben

Aufgedübelte Pfostenschuhe

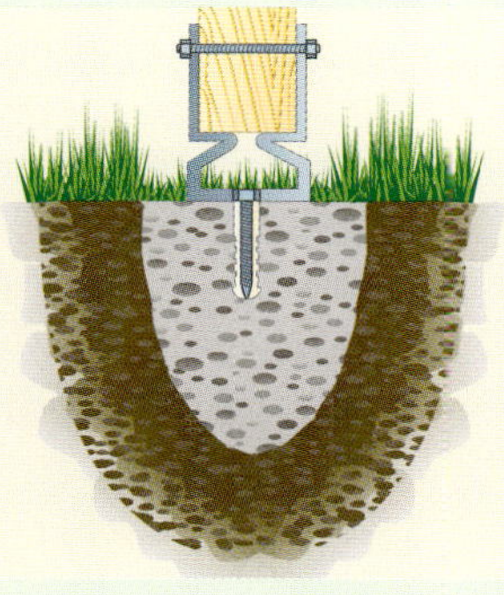

1 Hier sehen Sie einen Pfostenschuh, der auf ein bereits vorhandenes Betonfundament gedübelt wird

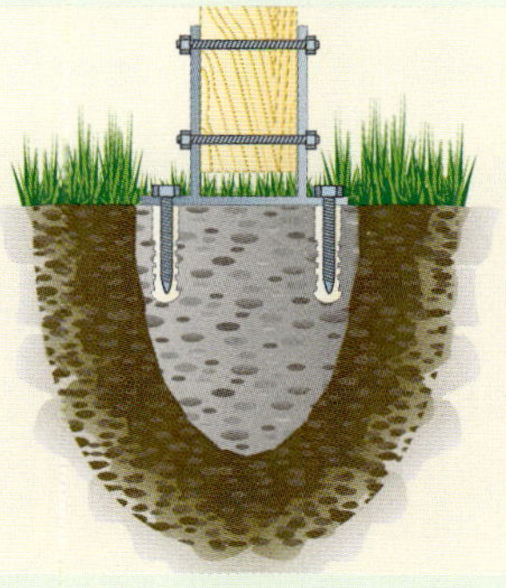

2 Bei dieser Befestigungsvariante ist die Stabilität durch die Verwendeung von zwei Schrauben höher

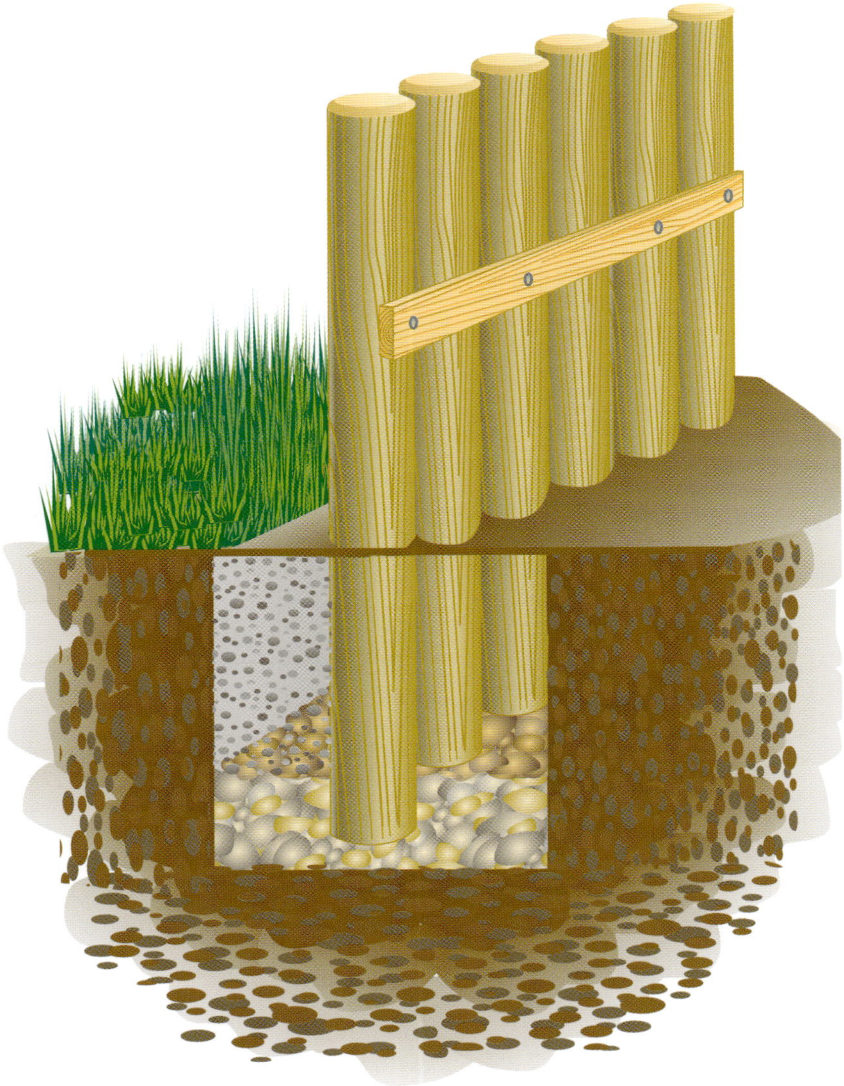

Beim Setzen von Holzpalisaden wird der Graben mit Dränagekies gefüllt. Dann die Palisaden einsetzen und den Graben wieder füllen

über einen leistungsstarken Akkuschrauber verfügt, kann unter Umständen auf die Bohrmaschine verzichten und stattdessen bequem kabellos arbeiten. Bei den meisten Schraubarbeiten ist das akkubetriebene Gerät ohnehin vorzuziehen. Aber auch übliche Bohrarbeiten in Holz schafft ein guter Akkuschrauber ohne Probleme.

Wichtig ist bei Schraubarbeiten die Wahl des exakt passenden Bits. Nur wenn Sie die richtige Schrauberklinge wählen, überträgt sich die Drehkraft optimal und ein Durchdrehen des Bits wird vermieden. Denken Sie im Übrigen daran, dass die Bezeichnung „selbstschneidende Schraube" nicht immer wörtlich genommen werden darf. Bei langen Schrauben, die in festes und gut abgetrocknetes Holz gedreht werden sollen, empfiehlt es sich, das Schraubloch vorzubohren.

Pfostenfundamente richtig anlegen

Die erste Regel beim Anlegen eines Fundamentes für Holzkonstruktionen heißt: Das Erdreich, auf das sich der Aufbau gründet, muss gut verdichtet sein. Dies gilt vor allem für die Außenanlagen von Neubauten. Häufig wird nämlich der zum Verfüllen der Baugrube eingebrachte Kies nicht sorgfältig genug verdichtet, sodass er mit der Zeit nachsackt. Holzaufbauten machen diese Bodensenkung dann zwangsläufig mit. Im Zweifelsfall sollten Sie das Erdreich vor Beginn der Fundamentarbeiten noch einmal gründlich abrütteln. Die Pfosten für einfache Zaunkonstruktionen können dann, sofern sie aus kesseldruckimprägniertem Holz bestehen, direkt in den Boden gerammt werden. Deutlich mehr Halt bekommen die Pfosten jedoch, wenn man sie in vorbereitete Löcher setzt, die nach dem Ausrichten mit Grobkies oder Magerbeton verfüllt werden.

Nach Möglichkeit sollte jeder Fußpunkt der geplanten Holzkonstruktion jedoch ein eigenes, etwa 60 cm tiefes Betonfundament bekommen. Weil das Holz dann ohne direkten Bodenkontakt verbaut werden kann, bleibt es trocken und hält wesentlich länger. Direkt in den frischen Beton eingelassene Pfostenanker aus verzinktem Stahl stellen die Verbindung zwischen Holz und Beton her. Die Grafiken auf Seite 123 zeigen Ihnen einige typische Fundamentkonstruktionen. Auf bereits vorhandene Punkt- oder Streifenfundamente bzw. Mauern dübelt man spezielle Pfostenanker. Allerdings können randnah gesetzte Dübel beim Anziehen der Schrauben den Beton sprengen. In diesem Fall sollten Sie besser kurze Gewindestangen mit Montagemörtel in die Bohrlöcher setzen. Wichtig ist auch das höhengleiche Anlegen von Punktfundamenten für Zäune, Pergolen usw. Beim Ausmessen hilft eine Schlauchwaage. Sie zeigt höhengleiche Punkte an.

Palisaden einbauen

Wie man Palisaden für massive Abtrennungen sowie für Gelände-Abstützungen einbaut, zeigen die beiden Grafiken auf der linken und dieser Seite. Dränagekies an den Fußpunkten soll ein vorzeitiges Verfaulen der Hölzer verhindern.

Kleine Betonkunde für Gartenfreunde

Es wird immer wieder darauf hingewiesen, dass Holzkonstruktionen nach Möglichkeit nicht direkt mit dem Erdreich in Kontakt kommen sollen.

Ideal sind Betonfundamente. Kleinere Mengen Beton können Sie leicht von Hand mischen. Messen Sie mit Eimern oder Schaufeln ein Teil Zement und fünf bis sechs Teile Kies ab. Geben Sie Wasser dazu und vermengen Sie das Ganze, bis die Masse die gewünschte Konsistenz erreicht hat. Für kleinere Arbeiten lohnt es kaum, Kies und Zement zu beschaffen. Kaufen Sie dafür besser fertige Trockenmischungen, die nur noch mit Wasser angerührt werden. Für besonders feingliedrige Bauteile kann normaler Betonkies etwas zu grob sein. Dann nehmen Sie besser sogenannten Estrichsand, der nur sehr kleine Kiesel enthält. Dabei

Bei einer Abstützung schützt man die Palisaden auf der Hangseite mit Bitumenpappe vor Sickerwasser

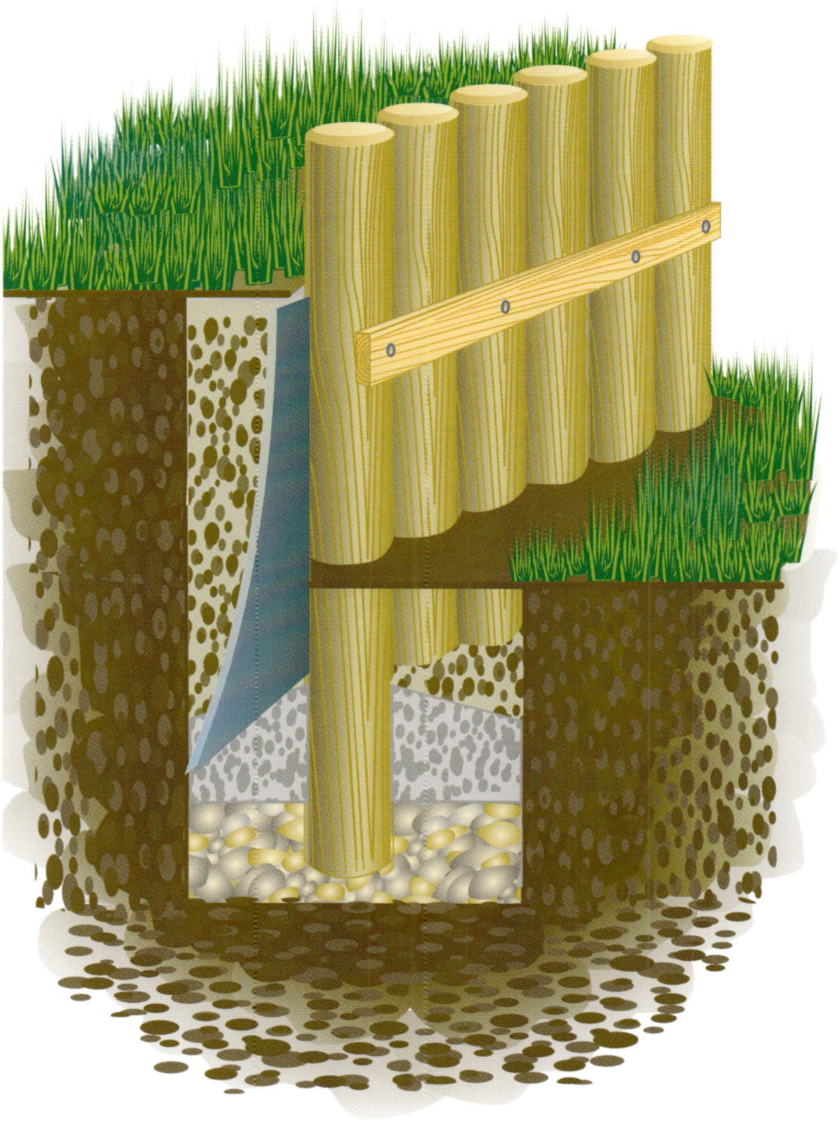

empfiehlt es sich, vier Teile Sand mit einem Teil Zement zu mischen. Diese Mischung ist „fetter" und ergibt einen Beton mit höherer Endfestigkeit. Wenn Sie ein paar Schalplatten oder stabile Folie unterlegen, können Sie den Beton direkt auf dem Boden mischen. Besser sind aber ein großer Mörtelkübel oder eine Schubkarre. Nur bei größeren Mengen Beton, sollten Sie sich eine Mischmaschine besorgen.

Mit Palisaden aus Holz können Sie auch eine optisch abgetrennte Nische für Ihre Mülltonnen bauen

Zäune als Gartengrenze

Einfriedungen des Grundstücks müssen meist aus Sicherheitsgründen vorgenommen werden. Holzzäune passen sich dem natürlichen Bild gut an

Bevor Sie sich an den Bau eines Gartenzaunes machen, sollten Sie klären, ob es im örtlichen Bebauungsplan Vorgaben gibt, nach denen sich jeder Grundstückseigentümer zu richten hat. Vielfach sind maximale Höhen wie auch Materialien genau vorgeschrieben. Nicht zuletzt muss auch das Nachbarschaftsrecht beachtet werden. Ein frühzeitiges klärendes Gespräch verhindert späteren Ärger.

Während der Bau eines Holzzaunes früher ein arbeitsintensives Vorhaben

Holzzäune können Abgrenzung und Sichtschutz zugleich sein

Zaun aus Lärchen-Staketen

1 Die Pfosten ruhen auf Ankern aus verzinktem Stahl. Dazu musste das Holz von unten geschlitzt werden

2 Neben den Pfosten braucht man Querriegel und die nötige Zahl oben angespitzter Rundhölzer

3 Die Querriegel werden mit verzinkten Winkeln an den Pfosten befestigt. Die Winkel immer nach unten setzen

4 Die senkrechten Staketen nun direkt an die Querriegel schrauben. Die Schraubenlöcher unbedingt vorbohren

war, können Sie heute auf vorgefertigte Elemente zurückgreifen, die nur noch an die vorbereiteten Pfosten geschraubt werden müssen. Neben dem altbekannten Jägerzaun werden die verschiedensten Zaunarten angeboten. Meist muss man das Holz nicht streichen oder lasieren.

Natürliche Holzzäune

Wer es rustikal möchte, baut einen Zaun aus ganzen oder gespaltenen Rundhölzern, die an gespaltene Querhölzer genagelt sind. Die Querhölzer hängen an dicken Pfosten, die etwa einen halben Meter tief im Boden stecken. Die Pfosten und die Zaunhölzer sind oben angeschrägt oder angespitzt, sodass das Regenwasser ablaufen kann. Ein solcher Zaun hält auch ohne Imprägnierung bis zu zwanzig Jahre. Besonders gut eignet sich unbehandeltes Lärchenholz, das von Natur aus wetterfest ist und durch die Sonne und den Regen einen silbrigen Glanz annimmt. Auch sehr schön sind Bretterzäune aus unbehandeltem Fichten- oder Kiefernholz. Sie strahlen, wenn sie frisch gebaut sind, und glänzen später silbrig. Naturholzzäune sollten nur mit leichten Kletterpflanzen wie der Waldrebe *(Clematis)* oder dem Jasmin *(Jasminum nudiflorum)* begrünt werden, weil sie zum Verstecken zu schade sind.

Haltbarkeit des Materials

Früher wurden die Zaunpfosten im Feuer unten angekohlt, da sie vor allem an den Übergangsstellen vom Boden zur Luft verrotten, dort wo die Mikroorganismen am aktivsten sind. Hier lohnt sich ein Bitumenanstrich (Kalt-Asphalt-Anstrich), der unschädlich ist, weil er fest am Holz haftet und sich nicht auswäscht.

Stattdessen kann man die Pfosten auch auf Punktfundamente stellen. Hierfür ist Beton durchaus zu empfehlen, weil er unsichtbar im Boden steckt und sehr beständig ist. Für die Fundamente genügen wenige Schaufeln Beton (aus 4 Teilen Kies

Zaunmontage

1 *Messen Sie vor Ort die Länge der gewünschten Zaunfelder ab, und kaufen Sie die Elemente entsprechend ein*

2 *Betonieren Sie dann die Pfosten ein – am besten mit stabilen H-Ankern –, und befestigen Sie die Querriegel*

3 *Sind alle Querriegel mit den Pfosten verschraubt, können Sie mit der Montage der Zaunprofile beginnen*

4 *Fügen Sie stets Distanzstücke zwischen die Bretter. So sorgt man für gleichmäßige Abstände*

und 1 Teil Zement). Als Schalung können Sie sehr gut Beton-Kanalrohre mit 25 cm Innendurchmesser verwenden, die im Baustoffhandel angeboten werden. Die Rohre werden in den Boden eingesenkt und dann mit dem Beton ausgefüllt. In den noch weichen Beton kommen Pfostenanker aus Metall, worauf die Zaunpfosten montiert werden. Die Imprägnierung erübrigt sich dann, weil das Holz rasch abtrocknet.

Diverse Zaunlösungen

Links sehen Sie, wie in mehreren Arbeitsschritten ein Zaun aus fertig gekauften Elementen montiert wird. Wenn Sie solche Zaunelemente aus einem Baukastensystem verwenden, ist die Montage im Nu erledigt. Anhand der örtlichen Gegebenheiten werden die Längen der Zaunfelder berechnet und die erforderlichen Pfosten, Querriegel und Zaunprofile bestellt. Zuerst setzen Sie die Pfosten. Einbetonieren mit H-Ankern bringt die höchste Stabilität (siehe S. 123).

Dann schrauben Sie die Querriegel an. Anhand einer Richtschnur befestigen Sie im nächsten Schritt die einzelnen Zaunprofile. Ein zwischengelegtes Distanzstück sorgt für gleich bleibende Fugenbreite. Arbeiten Sie nur mit rostfreien Edelstahlschrauben. Die Schraublöcher am besten vorbohren.

Riesenauswahl an Zaunelementen im Baumarkt

Baumärkte und Gartencenter bieten heute eine kaum überschaubare Auswahl an Fertigzäunen an, die Sie nur noch montieren müssen. Achten Sie beim Kauf darauf, dass die Elemente sauber verarbeitet sind. Sägekanten müssen gerundet sein, damit keine Splitter abreißen.

Die Verschraubungen der Zaunbretter auf den Querhölzern sollte mit rostfreien Schrauben erfolgt sein. Neben den bereits angesprochenen Ankern für die Befestigung der Pfosten an den Betonfundamenten brauchen Sie Winkel, mit denen die Zaunfelder wiederum an die Pfosten geschraubt werden. Diese Teile wie die dazugehörigen Schrauben müssen verzinkt sein oder noch besser aus rostfreiem Edelstahl bestehen.

Anstriche mit getönter Holzlasur lassen die Maserung sichtbar

Zaunelemente

1 Das Holz sollte gerade gewachsen und sauber gefräst sein sowie glatte Oberflächen aufweisen

2 Achten Sie auf eine gute Befestigung der Zaunbretter an den Querriegeln. Schrauben sind hier besser als Nägel

Befestigungsmaterial

1 Die Befestigungselemente müssen sauber verzinkt sein und dürfen keine scharfen Grate haben

2 Mit solchen Montagewinkeln verbindet man die fertigen Zaunfelder mit den senkrechten Pfosten

Wer einen dauerhaft pflegeleichten Zaun wünscht, kauft Elemente aus weißem oder farbigem Kunststoff. Sie brauchen keinen Anstrich und werden nur regelmäßig abgewaschen

Weiß gestrichene Zäune brauchen alle zwei bis drei Jahre einen Renovierungsanstrich mit wetterfestem Lack

Sichtschutz mit Holzelementen

Langweilige weil gleichförmige Gestaltungen müssen heute nicht mehr sein. Der Handel bietet unterschiedlichste Elemente zum Kombinieren an

Die Zeit der tristen Flechtzäune ist vorbei

Die ersten vorgefertigten Produkte im Bereich Sichtschutz aus Holz waren sogenannte Flechtzäune, bei denen dünn gesägte flexible Brettchen zwischen Leisten geflochten wurden, die wiederum in einem Rahmen aus Kanthölzern saßen.

Es gibt kaum etwas Langweiligeres als lange Sichtschutzwände aus solchen Elementen. Doch gottlob bieten Gartencenter und Baumärkte heute eine bunte Palette verschiedenster Gestaltungslösungen im Bereich Sichtschutz aus Holz. Das Bild unten zeigt eine Kombination mit Wechsel in der Höhe und teilweise durchbrochenen Elementen.

Wer es gern natürlich hat, kann Sichtschutzwände mit Rankpflanzen begrünen. Aber auch der Mut zur Farbe

Begrünung macht den Sichtschutz freundlicher

Sogar teilverglaste Elemente werden heute schon angeboten

kann sich lohnen. Wie Sie unten sehen, wirkt das Wechselspiel von Grün und Weiß sehr attraktiv.

Montage einer Sichtschutzwand

Sichtschutzwände bieten dem Wind eine große Angriffsfläche. Daher sollten die Pfosten möglichst solide verankert sein. Den besten Halt bieten einbetonierte H-Anker. An exponierten Stellen kann es erforderlich sein, zusätzlich Windankerlaschen zu montieren (siehe Abb. B, Seite 137). Wird die Konstruktion jedoch durch rechtwinklig abknickende Wandverläufe stabilisiert, reichen auch Einschlaganker, wie sie darunter gezeigt werden. Sie lassen sich am besten nach ausgiebigem Regen ins Erdreich treiben. Man legt das Einschlagwerkzeug aus Kunststoff in die Hülse aus verzinktem Stahl und schlägt mit einem schweren Hammer darauf. Da die Hülse beweglich ist, lässt sich der Pfosten nachträglich ausrichten.

Damit die Sichtschutzwand nicht eintönig wirkt, sollte man möglichst verschiedene Elemente miteinander kombinieren. Wenn man will, ist auch der Übergang zu einem Zaun machbar. Überhaupt lässt die breite Auswahl an vorgefertigten Holzelementen aus dem Baumarkt Konstruktionen zu, die auf den individuellen Geschmack abgestimmt sind.

Wetterfeste Kunststoffelemente

Eine interessante Alternative zu Holzprodukten ist das rechts gezeigte Zaun- und Sichtschutz-System, des-

Sichtschutz für den unmittelbaren Terrassenbereich. Farbe und Dekoration lockern dabei die nüchterne Gestaltung auf

Beispiele für stabile Pfostenverankerungen

Schnitt durchs Erdreich:

So wird ein Pfosten mit H-Anker justiert und einbetoniert (A).

Die seitlich angeschraubte Sturmankerlasche gibt zusätzliche Stabilität (B).

Bei wenig belasteten Konstruktionen reichen Einschlaganker völlig aus. Die bewegliche Hülse erlaubt ein nachträgliches Justieren des montierten Pfostens (C).

Sichtschutzelemente schützen nicht nur vor unerwünschten Blicken, sondern bieten auch Windschutz

Montage von Kunststoffelementen

1 Im Gegensatz zu Holz können Sie Kunststoffpfosten direkt ins Erdreich stellen und durch Beton fixieren

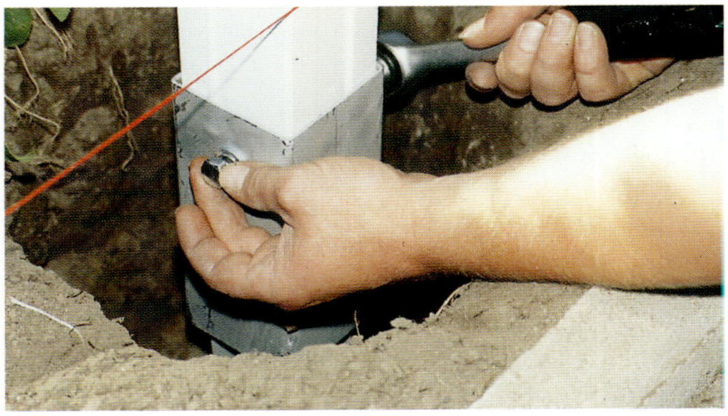

2 Alternativ zu der obigen Montageart lassen sich auch handelsübliche Einschlaganker verwenden

3 Mit Spezialadaptern werden die einzelnen Sichtschutz-Elemente an die bereits befestigten Pfosten gehängt

4 Anschließend wird eine Aufsatzleiste aufgeklemmt. Sie bildet die Abdeckung der Sichtschutz-Elemente

5 Um die Stabilität zu erhöhen, werden die senkrechten Streben oben und unten mit dem Rahmen verschraubt

6 Alle Teile sind dauerhaft formstabil. Gesäubert wird der Zaun einmal im Jahr mit dem Hochdruckreiniger

sen Elemente aus weißem Fensterkunststoff bestehen. Die passgenauen Teile lassen sich leicht montieren. Sie sind pflegeleicht, und der Hersteller gibt zehn Jahre Garantie auf die Farbechtheit des Materials. Anstriche sind nicht nötig. Als Pflege reicht es aus, die Elemente einmal pro Jahr gründlich mit einem Hochdruckreinigerabzuspritzen. Unter dem Gesichtspunkt, dass keine Anstrichmittel für Erstbehandlung und Renovierung erforderlich und die Teile extrem langlebig sind, ist Kunststoff auch für umweltbewusste Gartenbesitzer interessant. Unsere Bilder zeigen die wichtigsten Montageschritte einer Sichtschutzwand. Einzelne Teile wie Pfostenkappen oder Aufsatzleisten können Sie auch farbig absetzen. Der Hersteller empfiehlt dann eine Behandlung mit Haftgrund. Anschließend wird Autolack aufgetragen.

Die weiße Sichtschutzwand aus Kunststoffelementen sieht gut aus und braucht niemals nachgestrichen werden

So werden Pergolen gebaut

Pergolen gliedern den Garten und sorgen, wenn man sie mit Kletterpflanzen berankt, für angenehmen Schatten bei Sitzplätzen im Freien

Wenn Sie an einem tristen Winterabend darüber nachsinnen, wie Sie Ihren Garten etwas attraktiver gestalten könnten, dann schauen Sie doch mal in die Kataloge der einschlägigen Hersteller von Holzelementen für den Garten. Da gibt es vorgefertigte Teile, aus denen sich Zäune und Sichtschutzwände sowie lauschige Pergolen bauen lassen. Was in vielen Gärten nämlich fehlt, ist ein Sitzplatz, der vor neugierigen Blicken der Nachbarn ebenso geschützt ist wie vor Zugluft und zu starker Sonneneinstrahlung. Ein Refugium also, in das man sich zurückzieht und ganz einfach mal bei einer schönen Tasse Kaffee die Seele baumeln lässt.

Unter der lauschigen Pergola ist ein wunderschöner Sitzplatz entstanden

Bodenaufbau

1 Gehwegplatten aus Beton bilden das Lager für die Balken des Gartendecks. Sie müssen genau auf gleicher Höhe liegen

2 In Längsrichtung werden die Balken überlappend miteinander verschraubt. Dabei die Hölzer mit Zwingen fixieren

3 Eingefügte und verschraubte Querbalken dienen zur Stabilisierung und als Auflage der längs verschraubten Bretter

4 Vor dem Verschrauben erhalten die Bretter von beiden Seiten einen Anstrich mit Fäulnis hemmender Grundierung

Bodenaufbau

5 Beim Anschrauben der Bretter sorgen Abstandhalter für ein gleichmäßiges Fugenbild

6 Die Bretter mit der Handkreissäge und einem Anschlag sauber ablängen. Außenkante mit der Oberfräse runden

Pergola für den Sitzplatz vor dem Gartenhaus

Beim hier gezeigten Beispiel wird vor ein vorhandenes Gartenhaus auf dem hinteren Teil des Grundstücks zunächst eine Holzterrasse gebaut. Als Dekorationselement und Rankhilfe für Kletterpflanzen kommt dann eine Pergola mit Scherengittern zwischen die tragenden Pfosten auf den Unterbau.

Beim Aufbau der Unterkonstruktion der Holzterrasse muss man sich nach dem höchsten Punkt richten, der in diesem Fall durch ein Betonfundament des Gartenhauses vorgegeben ist. Vom Haus zum Garten fällt das Gelände in unserem Fall ein gutes Stück ab. Hier werden Gehweg-

7 Auf der Bodenfläche kann nun das Pergoladach vormontiert werden. Es besteht aus äußerem und innerem Rahmen

Pergolamontage

1 Die Metallschuhe werden auf den Holzboden geschraubt. Dann die Balken einsetzen und verschrauben

2 Die Verlängerungen des äußeren Rahmens werden durch verschraubte Überblattungen hergestellt

3 Hier sieht man, wie der Rahmen der Pergola von oben mit den bereits montierten Pfosten verschraubt wird

4 Nun werden die Diagonalstreben verschraubt und der innere Rahmen eingesetzt. Dann richtet man die Reiter aus

Abschlussarbeiten

1 Um die fertig gekauften Rankgitter einsetzen zu können, nagelt man zunächst schmale Halteleisten an

2 Nun erfolgt die abschließende Oberflächenbehandlung des Kiefernholzes mit einer Wetterschutzlasur

3 Schon bald bildet sich ein grüner Sichtschutz, wenn der eingesetzte Efeu an den Rankgittern hochklettert

4 So präsentieren sich Terrasse, Pergola und Rankgitter im fertiggestellten Zustand: Ein geschützter Platz, der zum erholsamen Aufenthalt einlädt

platten aus Beton als Auflager der Balken benutzt.

Sobald die Bodendielen auf die Lagerhölzer geschraubt sind, geht es an den Bau der Pergola. Das große Bild auf Seite 142 zeigt den Aufbau der Konstruktion, deren Gerüst zwei ineinandergefügte quadratische Rahmen bilden. An den vier Ecken werden diagonale Streben eingefügt, dann folgen aufgesetzte Pergolareiter. Sind alle Teile des Pergoladachs vorbereitet, werden die insgesamt acht Pfosten, auf denen die gesamte Konstruktion ruhen soll, mittels Pfostenschuhen auf dem Holzdeck aufgestellt. Zuerst werden nun die äußeren Rahmenteile auf die Pfosten gelegt. Von oben dreht man lange Schrauben an den vorher markierten und vorgebohrten Stellen durch den äußeren Rahmen in die Pfostenköpfe.

Zusätzlichen Halt bekommt die Konstruktion durch die Verbindung mit dem Dach des Gartenhauses. An der Rückseite des Gartendecks werden die senkrechten Pfosten mit dem dort errichteten Pflanzzaun verbunden. Zuletzt setzt man die Rankgitter zwischen die Pfosten.

Das hier verarbeitete Holz ist unbehandelte Fichte bzw. Tanne. Dieses Material ist ausgesprochen preiswert, muss aber gegen Witterungseinflüsse geschützt werden.

Dafür sorgt eine Fäulnis hemmende Grundierung und ein abschließendes Streichen mit Wetterschutzlasur. Diese Behandlung alle zwei bis drei Jahre wiederholen.

Schmuckes Gartentor mit Rankgittern

Zu der attraktiven Gartenanlage, die wir auf den vorhergehenden Seiten gezeigt haben, gehört auch ein selbst gebautes Tor mit seitlichen Rankgittern und Pergolareitern. Es ersetzt ein altes, bereits völlig morsch gewordenes Tor, das demontiert werden musste. Einbetonierte Metall-Pfostenschuhe bilden die Basis der Konstruktion. Auf die vier Pfosten des Tores kommt ein rechteckiger Rahmen, der die sternförmig angeordneten Pergolareiter trägt. Nachdem man unten zwei Querstücke eingesetzt hat, werden scherenförmige Rankgitter zwischen die Pfosten gesetzt. Das eigentliche Tor besteht aus einem Rahmen, der ebenfalls mit einem Rankgitter gefüllt wird. Das Tor ist ein ideales Rankgerüst für Kletterrosen. Schon nach wenigen Jahren begrünen sie die Konstruktion und sorgen im Frühsommer für eine überwältigende Blütenpracht.

Ein Gartentor mit einer Pergola ist ein echter Hingucker

Gartentor mit Pergola

1 Im ersten Schritt wird das alte, bereits morsch gewordene Tor Element für Element abgebaut

2 Die vier 9 x 7,5 cm starken Holzpfosten finden in den bereits zuvor einbetonierten Metallschuhen sicheren Halt

3 Stumpf eingefügte Querbalken verleihen der Konstruktion im unteren Bereich die nötige Stabilität

4 Oben wurde ein rechteckiger Holzrahmen aufgesetzt, der nun die sternförmigen Pergolareiter tragen soll

5 Halteleisten annageln und die Rankgitter anschrauben. Halteleisten auf der Gegenseite fixieren die Gitter

6 Zuletzt wird nach dem gleichen Prinzip das eigentliche Tor zusammengebaut und in die Halterung gesetzt

Für jeden Garten die richtige Pergola

Pergolen sind Lauben aus Säulen oder Pfeilern. Sie dienen als Gerüste für Kletterpflanzen, die ein dichtes Schattendach entfalten. Bis in den Herbst hinein laden die luftigen Lauben zum Rasten und Ruhen ein.

Die Pergola kommt wie viele andere Gartengestaltungs-Elemente auch ursprünglich aus Italien. Im sonnigen Süden hat so eine schattige Laube natürlich einen besonderen Wert. Sie schützt den Sitzplatz im Freien und lässt Rosen und Weinreben luftig klettern.

Eine Pergola kann frei stehen, abseits einen Sitzplatz bedachen, den Garteneingang zur Haustüre überbrücken oder den Autostellplatz schattieren. Eine langgestreckte schmale Pergola passt sogar als Sichtschutz an die Grundstücksgrenze. Und noch in Form eines kleinen Torbogens ist sie etwa als Rankgerüst für Kletterpflanzen, insbesondere als Rosenbogen willkommen.

Für eine Pergola ist in der Regel keine Baugenehmigung nötig, weil sie kein festes Dach hat und keine Brandgefahr darstellt. Selbstverständlich ist der nötige Abstand zur Grenze einzuhalten. Die Pflanzen dürfen weder Nachbars Garten schattieren, noch seine Gebäude beeinträchtigen, zumal starkwüchsige Kletterpflanzen leicht von der Pergola auf angrenzende Häuser übergreifen. Sie dürfen auch keine Sichtbehinderung zur Straßenausfahrt darstellen. Bei uneindeutigen Situationen ist beim zuständigen Bauamt Auskunft zu bekommen, so etwa wenn die Pergola überdacht und als Carport genutzt werden soll.

Dauerhafter Wetterschutz für Holzbauten

Unbehandeltes, weiches Holz verrottet bald, da das Regenwasser unter dem Blätterdach schlecht abtrocknet.

Wer eine wetterfeste und dennoch natürliche Holzkonstruktion möchte, ist mit Lärchen- oder Eichenholz gut bedient. Diese Hölzer sind aufgrund

der enthaltenen Harze auch ohne Imprägnierung recht haltbar und ausdauernd. Der beste Holzschutz für Pergolen aus Fichte oder Kiefer ist die Kesseldruckimprägnierung. Dabei wird das Holzschutzmittel mit Druck in die Balken gepresst, sodass es tief eindringt und besonders lange hält.

Der hier gezeigte Zaun zum Garten ist nicht sehr schmuckvoll. Doch von einer Pergola mit Reitern überkrönt sieht er gleich viel freundlicher und der Garten damit auch viel einladender aus

Pergola für die Terrasse

1 Hier wird eine massive Pergola über einer Holzterrasse errichtet. Sie steht auf gegossenen Betonfundamenten

2 Die vier 9 x 7,5 cm starken Holzpfosten finden in den bereits zuvor einbetonierten Metallschuhen sicheren Halt

3 Sobald die Seitenteile mit ihren Auflagern ausgerichtet sind, legt man die eigentlichen Pergolabalken auf

4 Insgesamt fünf Balken bilden das Dach. Sie werden ausgerichtet und mit den Lagerbalken verschraubt

Pergola für die Terrasse

5 Der vordere Balken wird zusätzlich durch Zapfen mit dem Auflager verbunden und bekommt Abstrebungen

6 Weitere Stabilität erhält die Konstruktion durch von oben aufgesetzte Metallwinkel, die man verschraubt

Pflanzen für die Pergolabegrünung

Im Sortiment der Kletterpflanzen gibt es eine ganze Reihe von Arten, die sich für die Begrünung einer Pergola besonders gut eignen

Das Wesentliche an einer Pergola ist natürlich ihre Begrünung. Erst die Pflanzen geben dem strengen Baukörper seine typische Leichtigkeit. Die Pflanzen müssen dem Typ angepasst sein. Eine leichte Pergola aus Metall verträgt nur schwache Kletterer, insbesondere Kletterrosen oder Jasmin. Eine Säulenhalle aus Granit braucht dagegen schon einen fülligen Weinstock oder einen wuchernden Knöterich. Grundsätzlich sind vier verschiedene Typen von Kletterpflanzen zu unterscheiden, und zwar Selbstklimmer, Ranker, Schlinger und Spreizklimmer.

Selbstklimmer wie etwa die Jungfernrebe *(Parthenocissus tricuspidata)*, der Efeu oder die Kletterhortensie heften sich mit Haftwurzeln am Gerüst fest. Sie sind mehr für Wände und Mauern geeignet, bezwingen aber auch Pergolen, um sich oben flächig auszubreiten. Ranker wie die Weinrebe *(Vitis vinifera)*, die Waldrebe *(Clematis)* oder der Wilde Wein *(Parthenocissus quinquefolia)* brauchen ein Geflecht etwa aus Maschendraht oder Zweigen, um sich daran hochzuhangeln. Die Schlinger winden sich um die Pfosten und kriechen

Für massive Pergolen mit dicken Pfosten eignen sich Glyzinien, die sich um die senkrechten Hölzer nach oben winden

Tipps vom Experten

Kletterpflanzen pflegen

Der Gärtner Leonard Rasaj empfiehlt zur Pflege von Kletterpflanzen an der Pergola:

„Die Pflege richtet sich natürlich auch nach der Art der Kletterpflanzen sowie nach dem Standort und den persönlichen Vorstellungen. Wer beispielsweise eine schattige Weinlaube haben möchte, muss dafür sorgen, dass die Weinreben möglichst rasch nach oben wachsen. Dazu werden sie nach der Pflanzung jeweils an den Eckpfosten der Pergola als sogenannte Schnurstöcke nach oben geleitet.

Bei der Erziehung ist darauf zu achten, dass sich die Reben nicht verzweigen, sondern einen geraden Trieb entwickeln. Dieser wird an den Pfosten geheftet und bis zum Dach der Pergola geleitet. Erst dann wird dieser Schnurstock durch den Rückschnitt zur Verzweigung angeregt. Ähnlich erfolgt die Erziehung anderer Kletterpflanzenarten, wobei die Schlinger von selbst nach oben wachsen, indem sie sich um die Pfosten herum nach oben winden.

Besonders bei Weinreben ist darauf zu achten, dass es pilzresistente Sorten sind. Andernfalls haben sie immer mit Mehltau zu kämpfen. Natürlich eignen sich Weinreben oder auch Kiwis nur für sonnige Pergolen. Das gilt auch für Kletterrosen. Im Schatten, etwa bei nordseitiger Lage oder unter einer großen Baumkrone, kommen besser Waldreben oder Geißblätter *(Lonicera)* zum Einsatz. Bei allen Arten ist eine gründliche Bodenvorbereitung die beste Gewähr für gutes Gedeihen. Insbesondere muss das Pflanzloch ausreichend tief gelockert werden. Bodenverdichtungen sind zu durchbrechen.

Bei einer Pflanzung neben einem Betonfundament wird die Kletterpflanze schräg eingesetzt, sodass die Wurzeln in den Gartenboden eindringen können. Bei Kletterrosen ist darauf zu achten, dass die Veredelungsstelle etwa 5 cm tief unter der Erdoberfläche sitzt. Dagegen dürfen Weinreben oder auch der Blauregen nicht zu tief eingepflanzt werden. Bei diesen Arten muss die Veredelungsstelle über dem Boden sitzen."

Kletterrosen sollten Sie nur für Pergolen wählen, die viel Sonne abbekommen

Ein Weinstock an der Pergola liefert im Herbst schmackhafte Trauben

so nach oben. Typisch dafür sind die Glyzinie *(Wisteria sinensis)* oder der Baumwürger *(Celastrus)*. Sie schaffen sogar dicke Säulen aus Stein oder Holzpfosten. Von allen sind verschiedene Arten und Sorten erhältlich. Besonders groß ist die Auswahl etwa bei Kletterrosen oder bei Waldreben. Bei diesen Pflanzen kommt es besonders auf die Blüten an. Je nach Geschmack wählt man rote, weiße, gelbe oder andere Farben oder auch gefüllte, großblütige und duftende Sorten. Sehr gut lassen sich die verschiedenen Arten und Sorten auch kombinieren. „Fürs Auge" pflanzt man Rosen und dazu „für die Nase" ein Geißblatt (z. B. *Lonicera caprifolium*), das seinen Duft besonders am Abend verbreitet. Gut kombinierbar sind auch Schlinger und Ranker. Die Schlinger winden sich selbst ohne zusätzliche Kletterhilfe an den Säulen oder Pfosten hoch und geben den Rankern Halt, die sonst ein Gerüst aus Maschendraht oder Schnüren bräuchten. So eine Gemeinschaft kann z. B. aus Glyzinien und Waldreben bestehen, zumal sie sich gegenseitig nicht stören, oder auch aus einem immergrünen, selbstklimmenden Efeu und einer Kletterrose, die sich gut bei ihm einhängen kann.

Pflege

Kletterpflanzen brauchen keine besondere Pflege. Zur Ertragssteigerung sollten allenfalls Weinreben, Kiwis und Brombeeren geschnitten werden. Die anderen Arten wie beispielsweise der Knöterich, der Wilde Wein, die Pfeifenwinde *(Aristolochia)*, die Glyzinie u. a. werden erst richtig schön, wenn sie ungehindert, also ohne Schnitt, wachsen dürfen. Die Größe der Kletterhilfe setzt ihnen ohnehin Grenzen.

Selbst Kletterrosen brauchen nur gelegentlich einen Auslichtungsschnitt, wobei dürres und erfrorenes Holz zu beseitigen ist. Allerdings nehmen alle Kletterpflanzen auch einen Rückschnitt hin. Der kann beispielsweise nötig sein, wenn sehr vitale Arten unters Dach kriechen. Besonders beim Knöterich ist hier Vorsicht geboten.

Weinrebe

(Vitis vinifera)

Merkmale
Eine der besten Kletterpflanzen für die Begrünung einer Pergola ist die Weinrebe. Dieser starkwüchsige Ranker entwickelt meterlange Triebe, die sich mit Sprossranken nach oben hangeln. Dazu brauchen sie eine Kletterhilfe in Form von Gittern, Schnüren oder Stäben, an der sie sich festhalten können. Die Triebe bringen im Frühjahr ihre typischen Weinblätter hervor. Im Juni entwickeln sich dann die duftenden Blütenstände („Gescheine"), aus denen im Sommer die Trauben reifen. Sie tragen in der Pergola zur Dekoration bei. Weintrauben aus dem eigenen Garten sind natürlich auch ein wertvolles Obst. Zu empfehlen sind besonders solche Sorten, die in der Region reifen und keine Probleme mit Mehltau haben. Weinreben lassen sich mit anderen Kletterpflanzen kombinieren. Sie passen beispielsweise gut zu Kletterrosen, die den Sommer hindurch Blüten bilden.

Standort
Damit die Früchte gut ausreifen, sollten die Reben vorzugsweise an sonnigen Pergolen zum Einsatz kommen. Sie brauchen einen tiefgründigen, nährstoffreichen Boden.

Kletterrosen

(Rosa-Sorten)

Merkmale
Wer sich den Sommer hindurch an Blüten erfreuen möchte, ist mit Kletterrosen an der Pergola gut bedient. Das Sortiment bietet eine Reihe verschiedener Blütenfarben. Zu bevorzugen sind Sorten mit duftenden Blüten. Kletterrosen sind keine echten Kletterpflanzen, sondern starkwüchsige Sträucher mit bewehrten Trieben, die sich am Klettergerüst einspreizen. Als typische Spreizklimmer brauchen sie entweder eine Kletterhilfe etwa in Form eines Metallgitters, oder sie werden an den Pergolapfosten festgebunden. Mit der Zeit verholzen die Triebe und bilden selbst stabile Stämmchen. Es lohnt sich, mehrere Sorten zu pflanzen. Das verlängert die Blütezeit und erweitert das Farbenspektrum.

Standort
Kletterrosen sollten nur an sonnigen und luftigen Plätzen gepflanzt werden, damit sie gesund und blühfähig bleiben. Sie brauchen

Aus Rieslingtrauben von der Pergola können Sie sogar eigenen Wein keltern

Kletterrosen müssen am Rankgitter oder an der Pergola festgebunden werden

einen tiefgründigen Boden mit gutem Wasserabzug.

Blauregen
(Wisteria sinensis)

Merkmale
Als starkwüchsiger Schlinger hat sich der Blauregen bewährt. Dieser Frühjahrsblüher bringt große Trauben aus duftenden blauen Blüten hervor. Nach dem Flor entfalten sie gefiederte Blätter, die ein dichtes Schattendach bilden. Der Blauregen braucht keine Kletterhilfe. Er entwickelt lange Triebe, die sich an den Pergolapfosten nach oben schlingen.

Mit den Jahren können sie armdicke Stämme bilden. Keinesfalls darf dieser Schlinger deshalb zur Begrünung von engmaschigen Gittern genutzt werden. Sie schnüren die Stämme ein. Als zusätzliche Kletterhilfe eignen sich Spannseile, die z. B. auf dem Pergoladach montiert werden. Beim Kauf von Jungpflanzen ist darauf zu achten, dass es mit Sicherheit veredelte Pflanzen sind (erkennbar an einer Verdickung am Wurzelhals). Sämlinge blühen nicht oder erst nach vielen Jahren.

Standort
Das sommergrüne Laubgehölz eignet sich sowohl für sonnige, als auch für schattige Plätze. Es treibt eine starke Pfahlwurzel tief in den Boden und sollte deshalb vorzugsweise auf tiefgründigen Boden gepflanzt werden.

Blauregen braucht eine kräftige Unterkonstruktion, um die er sich schlingen kann

Wilder Wein
(Parthenocissus quinquefolia)

Merkmale
Dieser sommergrüne Kletterer stammt ursprünglich aus Nordamerika (Virginian Creeper). Er hat sich aber wegen seiner Vitalität auch in Europa etabliert und kommt hier vor allem bei der Begrünung von Zäunen oder Pergolen zum Einsatz. Anders als der verwandte Selbstklimmerwein *(P. tricuspidata)* bildet der Wilde Wein keine Haftwurzeln. Er kann sich somit nicht am Mauerwerk festhalten. Damit er das Dach der Pergola erreicht, sollte er eine Kletterhilfe z. B. aus Gitterstreifen erhalten. Der starkwüchsige Kletterer kann eine Pergola in wenigen Jahren dicht zuwachsen. Er bringt im Frühjahr sein typisches fünflappiges Blattwerk hervor, das sich im Herbst leuchtend rot färbt. Die unauffälligen Blüten sind eine wertvolle Bienenweide. Die blauen ungenießbaren Früchte werden gerne von Singvögeln verspeist.

Standort
Das genügsame Gehölz lässt sich auf jedem Boden sowohl an sonnigen, als auch an schattigen Plätzen ansiedeln. Vorsicht ist bei hellen Böden geboten, zumal die Früchte farbige Flecken verursachen.

Waldrebe
(Clematis)

Mermale
Von der Waldrebe gibt es verschiedene Typen und zwar solche, die im Frühjahr blühen, und solche, die im Sommer blühen, sowie stauden-

Wilder Wein verziert die Pergola im Herbst mit leuchtend roten Blättern

artige. Die Frühblüher wie z. B. Clematis montana Rubens bilden ihre Blütenknospen schon im Jahr vor der Blütezeit. Sie dürfen deshalb im Winter nicht geschnitten werden. Die Sommerblüher wie die großblütigen Jackmanii-Hybriden blühen an den jungen Trieben. Auch sie brauchen in der Regel keinen Schnitt, lassen sich aber, falls nötig, im

Die Bergwaldrebe (Clematis montana) bringt im Mai eine Fülle an duftenden Blüten hervor

Clematis-Sorten sind gut kombinierbar. Sie brauchen eine Kletterhilfe

Spätwinter schneiden. Die Clematis-Typen unterscheiden sich auch in der Wuchsform. Während die *Clematis montana Rubens* oder auch die heimische Waldrebe *(C. vitalba)* eine Höhe von 20 m erreicht, bleiben die großblütigen Hybriden erheblich kleiner. Alle Typen halten sich mit Blattstielranken an der Kletterhilfe fest. Eine Ausnahme sind die staudenartigen. Sie bilden keine holzigen Triebe, sondern ziehen im Herbst ein, um im nächsten Frühjahr wieder auszutreiben.

Standort

Clematis-Arten sind gegen Nässe empfindlich. Zudem gehen viele Jungpflanzen durch Pilzerkrankungen ein. Sie brauchen einen halbschattigen bis schattigen Platz.

Geißblatt

(Lonicera)

Merkmale

Von dieser vielfältigen Kletterpflanze gibt es sommergrüne und wintergrüne Arten. Die wintergrüne Lonicera henryi breitet das ganze Jahr ein dichtes Blattwerk auf der Pergola aus. Selbst strenger Frost kann den Blättern nichts anhaben. Allerdings blüht diese Art weniger üppig als etwa das Waldgeißblatt *(L. periclymenum)* oder das Jelängerjelieber *(L. caprifolium)*. Alle Arten zählen zu den Schlingern. Sie bilden rechtswindende Triebe. Obwohl sie an den Pergolapfosten selbst nach oben schlingen, erleichtert ihnen das Heften eine rasche Entwicklung. Bemerkenswert sind die röhrenförmigen Blüten, die besonders am Abend duften (bei der immergrünen Art weniger intensiv). Aus den Blüten entwickeln sich rote, giftige (!) Beeren, die für Vögel aber nützlich sind.

Die Blüten der Jackmanni-Hybriden erreichen Durchmesser von mehr als 10 cm.

Das Geißblatt bringt nach der üppigen Blüte rote Beeren hervor, die giftig sind

Standort
Alle Arten sollten einen geschützten Platz in sonniger bis halbschattiger Lage auf tiefgründigem nährstoffreichem Boden erhalten.

Knöterich

(Fallopia aubertii)

Merkmale
Der wohl vitalste Schlinger im Reich der Kletterpflanzen ist der Knöterich (früher *Polygonum aubertii*). Er bildet auf einer Pergola ein prächtiges Büschel aus Trieben, die im Spätsommer ihre rahmweißen Blütenrispen entfalten. Allerdings sollte er auf die Pergola beschränkt bleiben. Eine Ausbreitung auf das Hausdach ist zu verhindern, da die Triebe auch unter die Dachziegel kriechen. Auf der Pergola wird sein dichtes Blattwerk gerne von Vögeln zum Nestbau aufgesucht. Das gilt auch für andere dichte Kletterpflanzen. Das Gehölz, das ursprünglich in Ostasien heimisch war, hat sich in Europa gut eingelebt und als völlig winterhart bewährt. Die Vermehrung ist einfach durch Absenker oder Steckhölzer möglich (wie auch bei vielen anderen Kletterpflanzen).

Standort
Vor der Pflanzung eines Schlingknöterichs ist dessen Vitalität zu beachten. Er kann 20 m Höhe erreichen und andere Pflanzen leicht über-

Knöterich breitet sich enorm aus und muss regelmäßig reduziert werden

wuchern. Das genügsame Gewächs kommt auf jedem Gartenboden und in jeder Lage zurecht.

Kletterhortensie (Hydrangea petiolaris)

Merkmale

Als eine der wenigen Selbstklimmer unter den Kletterpflanzen, die sich mit Haftwurzeln auch am Mauerwerk festhalten, kommt die Kletterhortensie bei der Hausbegrünung zum Einsatz. Sie lässt sich aber auch zur Bepflanzung von Pergolen nutzen. Es dauert zwar einige Jahre, bis sie das Dach erreicht und eine Laube bildet, durch ihre großen grünen Blätter wirkt sie aber recht attraktiv. Das Besondere sind die großen rahmweißen Blütendolden, die sich im Frühsommer entfalten. Sie duften intensiv nach Bananen und Pfirsich und laden dann besonders zum Verweilen ein. Das Gehölz entwickelt – anders als beispielsweise der vieltriebige Knöterich – einen Hauptstamm. Dieser sollte an einem Pergolapfosten festgeheftet werden. Das erleichtert ihm die Entwicklung der Haftwurzeln.

Standort

Wie andere Hortensien vertragen Kletterhortensien keinen kalkreichen Boden. Sie sollten deshalb in saures Substrat gesetzt werden. Der Standort sollte halbschattig oder schattig sein.

Im Frühsommer entfalten sich die rahmweißen Blütendolden der Kletterhortensie

Holzterrassen fachgerecht bauen

Sitzplätze im Freien, Abstufungen des Geländes, attraktive Teichanlagen und vieles mehr können Sie mit dem richtigen Holz individuell gestalten

Nach wie vor entscheiden sich die meisten Hausbesitzer für Steinplatten, wenn es um die Auswahl eines geeigneten Bodenbelags für den Terrassenbereich geht. Doch auch Holzdeck-Konstruktionen gewinnen immer mehr Liebhaber.

Neben Gartenhölzern, die durch Imprägnierung wetterfest gemacht wurden, gibt es natürliche Hölzer, die auch ohne Chemiebehandlung problemlos im Freien verbaut werden können. Dazu gehört Western Red Cedar, das vor allem aus Kanada

Nachdem die Bodenbretter bündig abgesägt wurden, schraubt man die Blenden an. Dann ist die Holzterrasse fertig

importiert wird. Die rötlichen Bretter und Balken besitzen einen von Natur aus eingebauten Wetterschutz, der sie ebenso haltbar macht wie die wertvollen, in ihrem Bestand gefährdeten Tropenhölzer.

Dabei ist Western Red Cedar wesentlich leichter und preiswerter. Umweltbewusste Importeure garantieren dem Käufer, dass das Holz aus nachwachsenden Beständen stammt. Achten Sie darum unbedingt auf entsprechende Öko-Siegel.

Auf die Unterkonstruktion kommt es an

Um eine Terrasse aus den mit geriffelter Oberfläche angebotenen Hölzern zu bauen, brauchen Sie zunächst einen stabilen Untergrund, der sich nicht mehr setzt. Ideal ist eine 15 bis 20 cm dicke, gut verdichtete Splittschicht. Die Lagerhölzer werden dann ohne direkten Bodenkontakt verlegt. Wo die Terrasse direkt ans Haus anschließt, dübeln Sie Konstruktionshölzer von 38 x 89 mm ans Mauerwerk. Mit Stahlwinkeln befestigen Sie daran dann als Träger für die Bodenbretter Kanthölzer von 89 x 89 mm. Der Abstand der Kanthölzer sollte 50 bis 60 cm nicht überschreiten.

Aufbauschritte

1 An das Mauerwerk werden Konstruktionshölzer geschraubt. Oberkante plus Brettstärke ist spätere Endhöhe

2 Mit Metallwinkeln werden die eigentlichen Lagerhölzer mit Hammer und Nägeln befestigt

3 Unter die Lagerhölzer kommen Gehwegplatten. Die Hölzer werden nun unterfüttert, bis sie eben aufliegen

4 Seitlich angeschraubte Brettlaschen fixieren die Hölzer und geben ihnen auf diese Weise mehr Stabilität

5 Mit 5 mm Abstand verschrauben Sie die Bretter auf den Lagerhölzern. Setzen Sie kleine Abstandshalter ein

6 Rundum bildet eine gegen die Lagerhölzer geschraubte Blende einen optisch ansprechenden Abschluss

Durchdachtes Montagesystem

1 Das Brett wird gegen das zuvor befestigte geschoben. Mit einem Kunststoffclip fixiert, der in eine eingefräste Nut greift

2 Es gibt Clipse für die Befestigung auf der Unterkonstruktion sowie Abschlussprofile für die Außenkanten

In Abständen von 80 bis 100 cm legen Sie unter die Kanthölzer Gehwegplatten aus Beton. Mit Keilen werden die Kanthölzer dann unterfüttert, bis sie genau in der Waage liegen. Kontrollieren Sie die Positionen der Lagerhölzer durch Auflegen eines Richtscheits aus Alu. Sind die Lagerhölzer endgültig ausgerichtet, schrauben Sie seitlich im Bereich jeder Betonplatte zwei Laschen aus Brettabschnitten auf. Damit liegen die Kanthölzer fest auf dem Unterbau auf und können belastet werden.

Nun geht es ans Verschrauben der geriffelten Bodenhölzer von 26 x 140 mm Stärke. Legen Sie das erste Brett an der Vorderkante der Terrasse mit etwa 50 mm Überstand an. Dann drehen Sie an jedem Lagerpunkt zwei rostfreie Edelstahl-Kreuzschlitzschrauben von 5 x 60 mm ein. Wo die Bretter in der Länge gestoßen werden, müssen die Stöße jeweils genau auf der Balkenmitte liegen. Die weiteren Bretter werden mit jeweils 4 bis 5 mm Abstand zueinander verschraubt.

Benutzen Sie stets eine dünne Leiste als Abstandslehre. Die so entstehenden Ritzen zwischen den Brettern erlauben es dem Holz, bei Feuchtigkeitsaufnahme zu quellen und wieder zu schwinden. Die seitlichen Überstände werden zum Schluss mit der Handkreissäge gleichmäßig gekappt. Dann schrauben Sie rundum Bretter als Blende gegen die Lagerhölzer.

Punktfundamente aus Rohren

Wenn gewachsener Mutterboden vorliegt, können Sie die rechts gezeigte Aufbauvariante wählen. Für die Punktfundamente werden Abschnitte von 100 mm dickem Kanalrohr in zuvor ausgehobene und mit Beton gefüllte Löcher gesetzt. Entsprechend der gewünschten Aufbauhöhe der Terrasse richtet man die Rohrstücke im frischen Beton aus.

Hat der Beton abgebunden, füllen Sie das Rohr mit Beton und legen die mit Metalllaschen versehenen Balken auf. Besonders komfortabel ist die Verarbeitung von Bodenbrettern mit Systembefestigung: Auf die Lagerhölzer geschraubte Kunststoffclipse fixieren hierbei die Bretter.

TIPP: Punktfundamente gießen

Mit dem Doppelspaten lassen sich die Löcher für die Punktfundamente sehr exakt ausheben (A).

Die Rohrstücke werden in Beton gesetzt und auf die richtige Höhe gebracht (B).

Anschließend füllen Sie die Rohre mit Beton und kontrollieren die Ebenmäßigkeit. Dann die Pfostenanker einsetzen (C).

A

B

C

Vorgefertigte Holzroste für den Terrassenbau

Ältere Terrassen aus unansehnlich gewordenen Steinen oder Waschbetonplatten können Sie mit fertig gekauften Holzrosten im Nu sanieren. Jedes einzelne der ganz rechts gezeigten Elemente beinhaltet alle zur Montage erforderlichen Komponenten. Eine aufwändige Unterkonstruktion aus Lagerhölzern – wie bei den zuvor gezeigten Verlegebeispielen – ist bei diesem System nicht erforderlich.

Jedes Rost im Format 90 x 90 cm besteht aus sechs Brettern, die auf der Unterseite durch drei Querriegel verbunden sind. Insgesamt fünf höhenverstellbare Nivellierfüße erlauben das genaue Ausrichten jedes Elements. Senkt sich der Untergrund nach dem Verlegen ab, können Sie erneut nachjustieren. Sonderteile muss man sich selbst zuschneiden. Die Roste gibt es in Douglasie oder Bangkirai.

Roste aus Thermoholz

Wie das hier gezeigte System sind auch die oben präsentierten Holzroste ideal zum Renovieren. Bei ebenen Untergründen braucht man keine Lagerhölzer.

Die 102 x 102 cm oder 102 x 203 cm großen Teile bestehen aus sogenanntem Thermoholz, das durch eine Spezialbehandlung ohne Chemikalien witterungsunempfindlich gemacht wurde. Den Randabschluss der Verlegefläche bilden Traversen von 28 cm Breite, die mit Geh-

Problemlos nivellieren

1 In Rückenlage werden die Nivellierfüße in die vorgesehenen Bohrungen der Querriegel eingeschlagen

2 Man legt die Elemente im Schachbrettmuster aus und verschraubt anschließend die Querriegel miteinander

3 Die unten liegenden Nivellierfüße lassen sich von oben leicht mit einem normalen Inbusschlüssel einstellen

4 Für einen sauberen Abschluss der Außenkante sorgen seitlich stumpf angeschraubte Bodenbretter

Für ebene Untergründe

1 Als äußerer Rahmen der Verlegefläche dienen Traversen, die übereinanderlappend miteinander verschraubt werden

2 Nun werden die Holzroste eingelegt und mit den Traversen verbunden. Sondermaße muss man zuschneiden

Die Bretter der Deckfläche sind von unten mit Querbrettern verschraubt und vernagelt.

Aus acht großen Elementen lässt sich eine Fläche von 300 x 300 cm herstellen, beispielsweise als Boden eines Pavillons, der nur für die Sommermonate aufgestellt wird.

Im Herbst baut man den Pavillon ab, schraubt die Roste wieder auseinander und verstaut alles witterungsgeschützt. So ist eine lange Lebensdauer der Hölzer gesichert. Im nächsten Jahr kann man die Teile bei Bedarf auch woanders neu verlegen.

rungsschnitten für die Außenecken oder als gerade Verlängerungsstücke geliefert werden. Die Roste lassen sich individuell kürzen, um sie an die Gegebenheiten anzupassen. Zur Montage werden sie mit den Traversen wie auch untereinander verschraubt.

Variable Holzroste

Als preiswerte Lösung für variable Einsätze bieten sich Holzroste aus kesseldruckimprägnierter Kiefer an (wie auf der gegenüberliegenden Seite zu sehen). Die Elemente sind 50 x 50 cm bzw. 75 x 150 cm groß.

Konstruktionshölzer

Immer dann, wenn individuelle Lösungen gefragt sind, stellt man sich das Material für sein Gartendeck selbst zusammen. Für besonders lange Lebensdauer sorgen Konstruktionshölzer aus witterungsbeständigem Tropenholz wie Bangkirai

Preiswerte Lösung

1 Wie man hier sieht, ist der Boden des Pavillons aus vier rechteckigen Terrassenelementen zusammengesetzt

2 Alternativ kann man kleinere Elemente verwenden, die in der Schachbrettverlegung besonders gut wirken

oder aus werkseitig kesseldruckimprägniertem oder ölbehandeltem Holz.

Der runde Sitzplatz rechts oben beispielsweise besteht aus Bangkirai. Das völlig astreine Hartholz aus Indonesien ist absolut unverwüstlich. Selbst direkten Bodenkontakt kann Bangkirai jahrzehntelang überstehen ohne zu faulen.

Die in Bild 1 und links gezeigten Bodenbretter aus Douglasie sind ölbehandelt und leicht pigmentiert. Stirnseiten mit Nut und Feder erlauben die Endlosverlegung.

Eine Treppe verbindet die zwei Ebenen der Terrassenanlage.

Bau einer Holzterrasse mit Pergola

Die hier gezeigte Holzterrasse liegt auf zwei Ebenen. Als senkrechte Abstützung an der Geländekante zwischen Hauptterrasse und dahinterliegendem Holzdeck wurde zunächst eine Reihe kesseldruckimprägnierter Palisaden in die Erde hineingetrieben. Bei 30 cm Abstand der Hölzer genügte eine doppelte Lage Teerpappe zur Böschungsseite, um das angeschüttete Erdreich zu halten. Den vorderen Abschluss bilden aufgeschraubte Bretter. Dann ging es an den Bau der Terrassenflächen. Die Grafiken rechts zeigen das Konstruktionsprinzip. Palisadenhölzer von 70 mm Durchmesser und 500 mm Länge wurden auf gleiche Höhe in den verdichteten Füllkies getrieben, aus dem man die Terrasse angeschüttet hatte. Quer zur Hausachse wurden dann 70 x 70 mm starke Kanthölzer als Lagerbalken auf die Köpfe der Palisaden geschraubt. Nun mussten nur noch die Bodenbretter (25 x 145 mm) mit versetzten Stößen aufgeschraubt werden. Etwa 5 mm Abstand zwischen den Brettern gibt ihnen genug Spiel, um sich bei Durchfeuchtung ausdehnen zu können. Wenn Sie den direkten Erdkontakt der hölzernen Unterkonstruktion vermeiden wollen, legen Sie die Lagerbalken auf Gehwegplatten, die Sie zuvor im Sandbett ausgerichtet haben, oder verwenden Sie einbetonierte Pfostenanker.

Bau der Treppe

Wo die Terrasse unterschiedliche Höhen aufweist, müssen auch entsprechende Treppen mit eingeplant werden. Aus den Holzbohlen, die als Bodenbelag verwendet werden, lassen sich auch die Stufen problemlos bauen. Bei einem gemessenen Niveau-Unterschied von knapp 60 cm zur hinteren Terrassenfläche mussten beispielsweise die Stufen etwas weniger als 20 cm hoch sein. Also wurden Tragrahmen aus senkrecht gestellten Brettern (14,5 cm hoch) zusammengeschraubt und zunächst mit einer Lage aus quer liegenden Deckbrettern versehen. Als eigentliche Auftrittsfläche folgte dann eine weitere Brettlage, die rundum mit 30 mm Überstand befestigt wurde.

Die Grafik auf Seite 174 links oben zeigt, wie sich zwei solche Elemente zu einer Treppe mit 19,5 cm Stufenhöhe zusammenfügen. Wichtig ist, dass die Bretter mit mindestens 5 mm Abstand verschraubt werden, damit das Holz arbeiten kann.

Die Unterkonstruktion

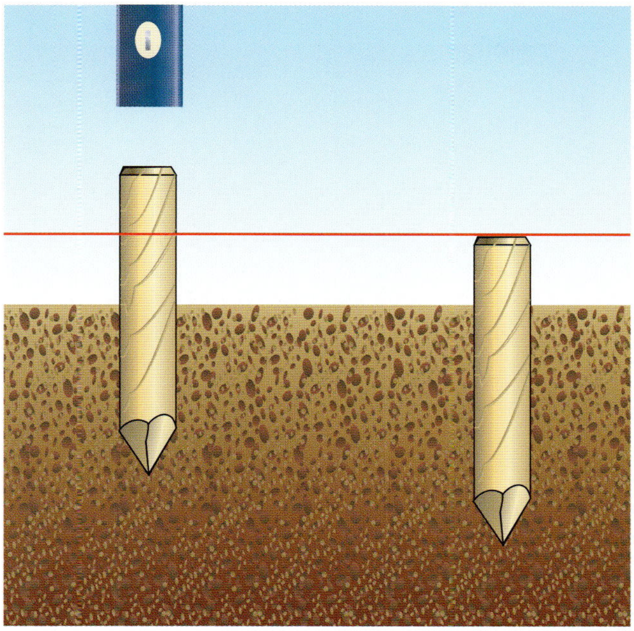

1 Mini-Palisaden werden als Traghölzer für den Unterbau in das Erdreich getrieben. An einer Schnur ausrichten

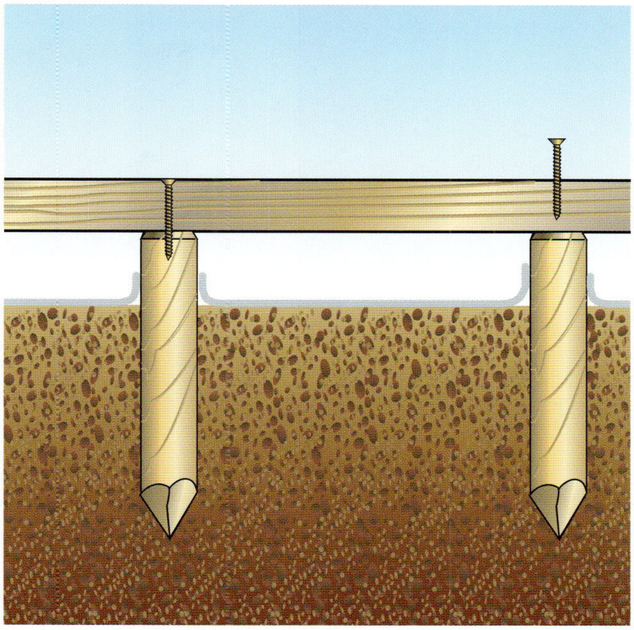

2 Auf die Palisadenköpfe werden nun 70 x 70-mm-Kanthölzer geschraubt, die als Lagerbalken dienen

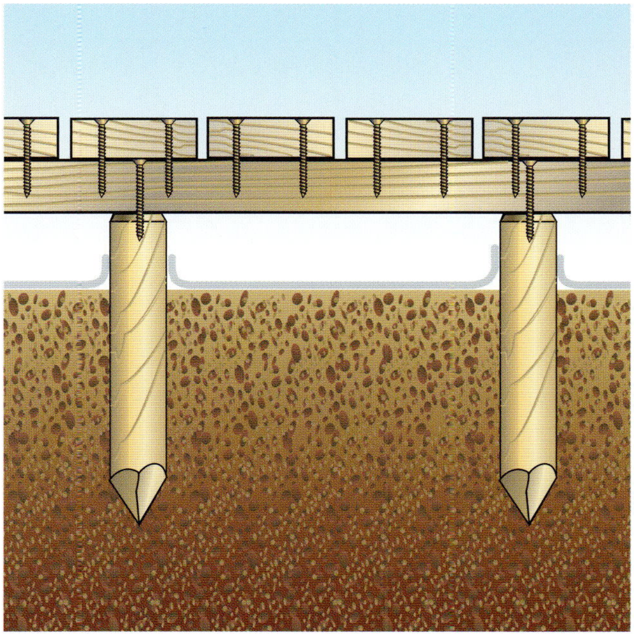

3 Immer dann, wenn die Bretter in der Länge gestoßen werden müssen, bildet man einen versetzten Verband

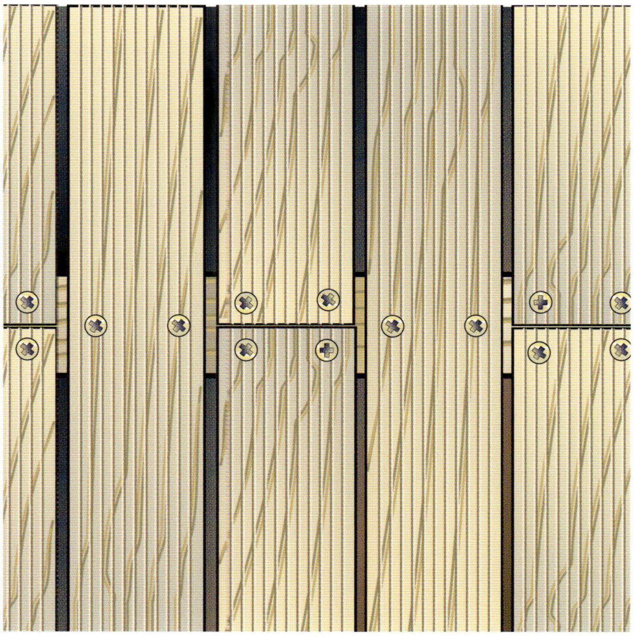

4 Die Konstruktion in der Draufsicht. Zwischen den Brettern mit Abstandhaltern arbeiten

Die Stufenhöhe misst genau 19,5 cm. Eine Bretthöhe plus zwei Brettstärken. Schnitt durch die aus Bodenbrettern gebaute Treppe zur oberen Terrasse

Holz bestimmt bei dieser Gartenanlage das Bild. Hier ein Blick auf die oberhalb des Teiches gelegene Terrasse

Individuell gestalten

1 Mit Nut und Feder an den Stirnseiten lassen sich diese Bretter aus Douglasie im „wilden" Verband verarbeiten

2 Fichtenhölzer in Thermoholz-Qualität. Eine Wärmebehandlung sorgt dafür, dass sich die Hölzer kaum verziehen

Attraktive Wassergärten

Wassergärten liegen im Trend

Die Zeit eintöniger Rasenflächen ist eindeutig vorbei. Viele Hausbesitzer entscheiden sich heute stattdessen für einen Wassergarten

Wassergärten haben den angenehmen Effekt, dass sie lebendig wirken und gleichzeitig beruhigend.

Immer mehr Gartenbesitzer haben genug von der Eintönigkeit einer überdimensionierten Rasenfläche und gestalten ihren Garten abwechslungsreicher. Häufig wird auch ein Gartenteich eingeplant. Die heute im Handel erhältlichen Materialien für den Teichbau bieten viele verschiedene Möglichkeiten der Gestaltung. Darüber hinaus ist die Anlage eines Wassergartens nicht sehr schwierig und für jeden Laien problemlos in Eigenleistung zu bewältigen. Dennoch ist die Anlage eines Gartenteiches ein meist sehr umfangreiches und auch zeitaufwändiges Projekt. Es eignet sich also gut für die kältere Jahreszeit, wenn der Garten ansonsten nicht so viel Arbeit macht.

In einem Teich fühlen sich auch viele Pflanzen und Tiere wohl

Große Teiche brauchen eine üppige Bepflanzung der Uferzonen

Wer sich einen Wassergarten anlegt, schafft sich damit übrigens nicht nur eine kleine Oase der Entspannung hinterm Haus.

Jedes angelegte Gewässer ist auch ein kleiner Beitrag für den Umweltschutz. Denn Wasser bietet vielen Pflanzen und Tieren Lebensraum. Vögel z. B. sind dankbar für Wasserstellen, die sie zum Trinken oder für ein kurzes Bad anfliegen können. Die Größe des Gewässers richtet sich in erster Linie nach den Dimensionen des Grundstücks. Dabei gilt: Je größer ein Gartenteich, desto stabiler ist das biologische Gleichgewicht, desto weniger problematisch sind beispielsweise starke Temperaturwechsel.

Mini-Wassergarten mit sprudelndem Quellstein für kleine Grundstücke

Ein Wassergarten wird geplant

Der Anlage eines Wassergartens muss eine detaillierte Planung vorausgehen. Nur so ist ein optimales Ergebnis zu erzielen

Wer sich für einen Wassergarten entscheidet, trifft damit meist auch die Entscheidung für einen naturnahen Garten. In letzter Zeit hat sich bei der Gartengestaltung ein Trend abgezeichnet, der sich wegbewegt von Sterilität und Eintönigkeit hin zu Lebendigkeit und Abwechslungsreichtum.

Im Vordergrund steht heute nicht mehr, den Garten frei von Unkraut und Schädlingen zu halten, sondern ihn so anzulegen, dass sich hier nicht nur der Mensch, sondern auch viele heimische Pflanzen und Tiere wohlfühlen. Letztlich hat die Einsicht gesiegt, dass ein Garten, der für Tiere attraktiv ist, auch dem Menschen ein Optimum an Erholung bietet. Und da bei der Attraktivität eines Gartens für Tiere Wasser eine entscheidende Rolle spielt, ist die Anlage eines Gartenteiches ein wirklich lohnenswertes Projekt.

Bei der Planung eines Wassergartens ist darauf zu achten, dass Form und Größe der Wasserflächen gut mit der Umgebung harmonieren. Wer nur ein kleines Gartengrundstück sein Eigen nennt, muss natürlich auch bei der Planung von Wasserflächen zurückhaltender planen, damit der Garten später nicht überfrachtet wirkt. Andererseits ist es aus ökologischer Sicht ratsam, einen möglichst großen Teich anzulegen, denn je größer ein Teich ist, desto pflegeleichter ist er. Das sogenannte ökologische Gleichgewicht eines Gewässers ist nämlich stabiler, je größer

Das ökologische Gleichgewicht eines kleinen Teiches ist nicht so stabil

Ein fachgerecht angelegter Gartenteich im Schnitt

Unterschiedlich tiefe Wasserzonen bieten verschiedenen Pflanzen und Tieren Lebensraum

es ist. Ein Teich von mindestens 12 m² Größe und einer maximalen Tiefe von einem Meter ist in der Regel fähig, sich selbst zu reinigen, sodass der Kauf von Pumpen und Filtern entfallen kann.

Planen Sie einen deutlich größeren Teich von mehr als 30 m² Oberfläche, sollten Sie sich vorsichtshalber bei den örtlichen Behörden erkundigen, ob Sie mit Ihrem Projekt gegen gesetzliche Vorschriften verstoßen. Beachten Sie auch die durch das Nachbarschaftsrecht festgelegten Abstände zu den angrenzenden Grundstücken. Ein ganz besonders wichtiger Punkt, der mit der Planung des Teiches zu tun hat, ist die Sicherheit. Ihr Teich sollte unzugänglich für Kleinkinder sein. Und für den Fall, dass doch einmal ein Kind hineinfällt, sollte das Gewässer so angelegt sein, dass es keine steil abfallenden Ufer besitzt.

Große Teiche anzulegen, ist relativ aufwändig. Sie halten aber leichter ihr ökologisches Gleichgewicht

Kleine Teiche brauchen Schattenspender

Ein Aspekt, auf den bei der Wassergartenplanung oft leider nicht geachtet wird, ist die Sonneneinstrahlung. Ein Gartenteich darf weder zu viel, noch zu wenig Sonnenlicht abbekommen. Ein großer Teich kann im Frühling und Sommer gut 6 bis 8 Stunden Sonne vertragen, während ein kleiner Teich um die Mittagszeit 2 bis 3 Stunden Schatten braucht, damit er sich nicht zu stark erwärmt. Benachbarte Bäume und Sträucher eignen sich gut als Schattenspender, dürfen aber bei einem Folienteich auch nicht zu nah am Gewässer stehen, da die Wurzeln die Teichfolie beschädigen könnten.

Ein Gartenteich unterteilt sich idealerweise in Tief- und Flachwasserzonen. Die Zeichnung oben zeigt einen vorbildlich angelegten Teich im Querschnitt. Die verschiedenen Zonen bieten verschiedenen Pflanzen und Tieren Lebensraum, und es entsteht eine größere Vielfalt.

Die Anlage eines kleinen oder mittelgroßen Gartenteichs mithilfe eines Kunststoffbeckens oder Folie ist für den Laien mit der entsprechenden Anleitung ohne weiteres zu bewältigen. Bei größer dimensionierten Projekten sollten Sie jedoch eine Fachfirma um Unterstützung bitten. Die Profis können vor allen Dingen beim Aushub behilflich sein.

Materialien für den Teichbau

Für die Anlage kleinerer Teiche eignet sich meist ein Fertigbecken am besten. Bei größeren Projekten muss man dagegen auf Folie zurückgreifen

In der Vergangenheit wurde oft Beton, glasfaserverstärkter Kunststoff oder sogar Lehm und Ton empfohlen, um eine Teichmulde vor dem Befüllen abzudichten. Heute ist man davon – zumindest was den Teichbau im privaten Bereich betrifft – weitgehend abgekommen. Die Frage lautet in der Regel nur noch: Fertigbecken oder Folie?

Beide Materialvarianten zeichnen sich durch einfache Verarbeitung und gute Haltbarkeit aus.

Mini-Wassergarten

Jedes noch so kleine Grundstück bietet die Möglichkeit, Wasser in die Gestaltung zu integrieren. Einen Mini-Wassergarten können Sie zum Beispiel mithilfe eines Mörtelkübels

Fertigbecken sind in der Regel so gestaltet, dass sie sowohl Tief- als auch Flachwasserzonen enthalten.

Teichfolie kaufen und verarbeiten

1 Sie erhalten Teichfolie in verschiedenen Farben. Schwarz ist Standard, besser wirkt ein naturnaher Braunton

2 Die Materialien im Überblick. Neben der Folie erhalten Sie polsterndes Vlies und Steinfolie für die Ufergestaltung

3 PE- und PVC-Folie sollten Sie nicht bei zu kaltem Wetter verlegen, da sie dann zu starr und unflexibel ist

4 Die Überstände am Rand sollten Sie erst zum Schluss abschneiden. Dann die Uferbereiche gut abdecken

von 60 oder 90 Litern anlegen. In den Boden eingelassen und mit Pflanzen bestückt, kann eine solche Lösung ein dekoratives Highlight in Ihrem Garten bilden.

Fertigbecken

Die Verwendung eines Fertigbeckens aus Kunststoff ist meist der schnellste Weg zum eigenen Gartenteich. Man muss lediglich eine Mulde ausheben, das Becken einsetzen und die Hohlräume mit Sand füllen. Gerade für die Realisierung kleinerer Teichprojekte sind Fertigbecken ideal. Die Schalen der Becken bestehen meist aus Polyäthylen, manchmal auch aus glasfaserverstäktem Polyester. Einige Becken sind mit Anschlussmöglichkeiten für Bachläufe versehen. Wenn Sie Ihren Teich also noch durch Wasserspiele oder Bachläufe ergänzen wollen, sollten Sie das von Anfang an mit einplanen und das Material dementsprechend einkaufen. Kaufen Sie auch Material, mit dem Sie später die Beckenumrandung abdecken können.

Teichfolie

Folie ist das Teichbaumaterial, das am häufigsten verwendet wird. Der Vorteil gegenüber dem Fertigbecken besteht darin, dass sich mithilfe der Folie die Form des Teiches ganz individuell bestimmen lässt. Die Folie passt sich aufgrund ihrer Flexibilität allen Gegebenheiten problemlos an. Die heute im Handel erhältliche Teichfolie ist sehr stabil und langlebig. Meist geben die Hersteller eine Garantie von 10 bis 15 Jahren auf ihre Produkte. Die Folien bestehen aus Polyäthylen (PE), Polyvinylchlorid (PVC) oder Kautschuk. Den Produkten aus PE und PVC werden Weichmacher zugefügt, um die Folie flexibel und UV-beständig zu machen. Kautschuk ist von Natur aus elastisch und braucht daher keine Weichmacher. Kautschuk ist so flexibel, dass man es sogar bei Frosttemperaturen verarbeiten kann. Kautschuk ist insgesamt hochwertiger und umweltverträglicher als die PE- und PVC-Folien, aber auch teurer.

Sie erhalten Teichfolie ab einer Stärke von 0,5 mm. Sie sollten aber lieber ein Produkt von 1 mm Stärke wählen. Meist können Sie zwischen den Farben Braun und Schwarz wählen, wobei Braun aufgrund seiner Natürlichkeit in der Regel empfehlenswerter ist. Strukturierte Folie eignet sich besonders gut, weil sie Schwebstoffen Halt gibt, die dann ein gleichmäßiges Teichbett bilden.

Stellen Sie die Belastbarkeit der Folie jedoch nicht allzu sehr auf die Probe. Spitze Steine und Wurzeln sollten Sie vor dem Auslegen der Folie unbedingt aus der Mulde entfernen. Ideal ist ein Untergrund aus feinem Sand oder eine Auskleidung der Mulde mit Spezialvlies aus Synthetik. Für den Uferbereich und Böschungen sollten Sie sogenannte Böschungsmatten aus Nylon kaufen. Auch bei einer Neigung von 45° finden Pflanzen an solchen Matten noch genügend Halt. Eine Alternative zu den Nylonprodukten sind Kokosmatten. Sie verrotten nach einigen Jahren, wenn die Pflanzen einen stabilen Wurzelteppich ausgebildet haben.

Für den Bau von Bachläufen und Wasserfällen gibt es ebenfalls Fertigteile

Ein Fertigteich wird eingebaut

Wie einfach der Aufbau eines Gartenteiches mithilfe eines Fertigbeckens aus Kunststoff vonstatten geht, zeigen wir Ihnen Schritt für Schritt

Ist der Fertigteich bepflanzt, wirkt er wie ein völlig natürliches Gewässer. Wasserspiele können Akzente setzen

Einbauschritte

1 Wählen Sie die Position des Teiches sorgfältig aus. Kleinere Teiche dürfen nicht zu stark der Sonne ausgesetzt sein

2 Um die Umrisse des Fertigbeckens auf dem Boden zu markieren, verwenden Sie angespitzte Holzlatten als Pflöcke

3 Beim Ausheben der Mulde ist darauf zu achten, dass man die Abstufungen nachbildet. Rundum 10 cm zugeben

4 Das Becken muss in dem Sandbett ausgerichtet werden. Beim Einschlämmen dürfen keine Hohlräume verbleiben

5 Das Befüllen des Beckens erfolgt stufenweise. Parallel wird von außen immer wieder mit Sand eingeschlämmt

6 Um die unschöne Kunststoffumrandung des Teiches zu verdecken, kommen Steine und Kies zum Einsatz

Kunststoffbecken bieten dem Gartenbesitzer eine besonders einfache und komfortable Möglichkeit, zu seinem eigenen Teich zu kommen. Polyäthylen ist das Material, aus dem die kleinen und mittelgroßen Becken in der Regel gefertigt werden, bei der Herstellung größerer Modelle kommt dagegen glasfaserverstärkter Kunststoff zum Einsatz. Beide Materialien sind überaus langlebig. Sie verrotten nicht und halten jeder Form von Witterung – ob Sonne, Niederschlag oder Frost – problemlos stand. Auch der Druck von benachbartem Wurzelwerk macht den Fertigbecken nicht zu schaffen. Risse oder Brüche sind nicht zu befürchten. Meist geben die Hersteller eine Vollgarantie von 15 Jahren auf ihre Produkte.

Die Becken sind meist so gestaltet, dass sie dem idealen Teichprofil mit Tief- und Flachwasserzonen entsprechen. Außen befindet sich meist ein sogenannter Sumpfrand, der sich gut bepflanzen lässt und ins Wasser gestürzten Kleintieren die Möglichkeit gibt, sich ohne Hilfe wieder zu befreien. Wählen Sie nach Möglichkeit ein Becken mit einer profilierten Oberfläche aus.

Jede Unebenheit gibt nicht nur den Pflanzen, sondern auch „in Seenot" geratenen Tieren mehr Halt. Vor allem Igel sind gefährdet. Ohne eine gut ausgebildete Flachwasserzone wird der Teich für den stacheligen Gartenbesucher zur tödlichen Falle.

Der Erdaushub

Legen Sie im ersten Schritt die Position des Teichbeckens genau fest. Das geht am leichtesten, wenn Sie das Becken einfach an der gewünschten Stelle aufsetzen.

Mit Holzpflöcken markieren Sie nun die Umrisse. Hierzu können Sie beispielsweise abgelängte Dachlatten verwenden, die Sie an einer Seite anspitzen. Das Becken kann dann wieder entfernt werden.

TIPP: Die Einbauposition des Beckens festlegen

Nachdem man die Umrisse des Teichbeckens markiert hat, kann man es umgedreht auf Pflöcken lagern und bewegen (A). Vor dem Aushub muss der Rasen ausgestochen werden. Rundherum werden 10 cm Zugabe mit eingeplant (B).

Ufergestaltung

1 Die Bruchsteine wirken nicht nur dekorativ, sondern bilden später eine begehbare Umrandung des Teiches

2 Damit die Sumpfzone des Beckens nicht zu sehen ist, wird auch sie mit etwas kleineren Steinen ausgekleidet

3 Hinter dem Teich schließt sich ein Hochbeet an, bei dessen Gestaltung auch Bruchsteine zum Einsatz kamen

4 Zwischen den Steinen in der Flachwasserzone verbleiben viele Lücken, die man mit Kies ausfüllen kann

Ufergestaltung

5 Der fertige Gartenteich im Spiel der Jahreszeiten: Hier zeigt sich die Anlage in attraktiven Herbstfarben

6 Auch im Winter, bei zugefrorener Wasserfläche und Schnee, ist der Teich ein echter Blickfang im Garten

Beim Aushub der Teichmulde muss darauf geachtet werden, dass man die Abstufungen des Teichbeckens im Boden bestmöglich nachbildet. Da das Becken später in einem Sandbett ruhen soll, müssen Sie rundherum etwa 10 cm Spiel einplanen. Findet der Aushub in einem Neubaugebiet statt, in dem der Boden sich noch nicht ausreichend gesetzt hat, kann es vorkommen, dass die Böschungen leicht wegbrechen. Ist dies der Fall, müssen Sie die Mulde noch ein wenig großzügiger ausheben.

Um spätere Absenkungen des Beckens zu vermeiden, sollten Sie den Boden vor dem Anlegen des Sandbetts mit einem Stampfer oder einer Rüttelplatte verdichten. Dann können Sie die Sandschicht für den Teichboden aufbringen. Am besten eignet sich grober Estrich- bzw. Pflastersand. Die Sandschicht muss sorgfältig verdichtet und so exakt abgezogen werden, dass das Becken nach dem Aufsetzen bündig mit der Geländekante abschließt. Je nach Größe des Teichbeckens ist es übrigens empfehlenswert, einen oder zwei Helfer zu organisieren, damit die Ausrichtung besser gelingt. Auf eine Wasserwaage sollten Sie keinesfalls verzichten.

Befüllen und Einschlämmen des Beckens

Haben Sie den Fertigteich in die richtige Position gebracht, können Sie ihn zu einem Viertel mit Wasser befüllen. die seitlichen Hohlräume füllen Sie dann rund um das Becken bis zur Höhe des Wasserspiegels mit Kies oder Sand aus. Es ist wichtig, dass der Kies bzw. Sand gut verdichtet wird. Jeder verbleibende Hohlraum würde später die Stabilität des Teichbeckens beeinträchtigen.

Legen Sie aus diesem Grund auch immer wieder zwischendurch die Wasserwaage an. Zu diesem frühen Zeitpunkt lassen sich leichte Unebenheiten noch durch ein Verschieben des Beckens korrigieren.

Arbeiten Sie sich nun schrittweise nach oben, indem Sie immer wieder etwas Wasser nachfüllen und anschließend den Bereich um das Becken herum mit Sand einschlämmen. Das durch das Wasser zunehmende Gewicht des Fertigteichs sorgt für zunehmende Stabilität. Sie können übrigens schon jetzt erste Pflanzen ins Wasser setzen.

Haben Sie die Oberkante des Beckens erreicht, verbleibt noch der schwarze Randwulst, der meist etwas unschön wirkt. Eine Bedeckung mit Bruchsteinen oder Kies ist aus diesem Grund empfehlenswert. Auf diese Weise lässt sich eine naturnahe Optik erzielen.

Fertigteich mit Einfassung aus Bruchsteinen

Wie bereits erwähnt, sollte man sich, wenn es die Größe des Grundstücks erlaubt, ruhig für die Anlage eines größeren Teichs entscheiden. Ein großer Teich bietet nicht nur mehr Gestaltungsmöglichkeiten, sondern bildet auch ein stabileres Ökosystem aus.

Die Arbeitsschritte bei der Anlage eines großen Teichs gleichen denen eines kleinen. Es ist unter Umständen jedoch zu überlegen, ob man für den Aushub einen Mini-Bagger ausleihen will. Mit dem Bagger können Sie sehr viel mehr Erde auf einmal bewegen und auf diese Weise schneller arbeiten, allerdings gelingt der Aushub mit dem Bagger nicht so exakt wie von Hand. Ist die Mulde ausgehoben, gehen Sie genauso vor, wie beim Anlegen eines kleinen Teichs. Das waagerechte Ausrichten ist bei dem hier gezeigten Modell von 430 cm Länge jedoch relativ aufwändig. Das Sandbett muss über die gesamte Länge hundertprozentig eben abgezogen werden.

Für das Einsetzen des Beckens brauchen Sie drei bis vier Helfer. Mit Richtscheiten und Wasserwaage kontrollieren Sie dann die Ebenmäßigkeit. Gegebenenfalls muss korrigiert werden. Man kann das Becken nun zu einem Drittel mit Wasser befüllen. Parallel wird das Becken von außen mit Sand oder Kies eingeschlämmt. Legen Sie immer wieder die Wasserwaage an, um zu überprüfen, ob das Becken noch gerade steht. Stufenweise wird das Becken weiter mit Wasser befüllt und eingeschlämmt.

Ist der obere Beckenrand erreicht, kann die Uferzone gestaltet werden. Am besten schüttet man Kies und Steine an, die den Kunststoff verdecken. Im gezeigten Fall verwendete man Bruchsteine.

Bei der Ausgestaltung des Sumpfrandes kamen kleinere Steine zum Einsatz. Verbleibende Zwischenräume wurden mit Kies ausgefüllt. Ist der Uferbereich dann erst einmal bepflanzt, wirkt er ansprechend und natürlich. Eine hinter dem Teich angelegte Aufschüttung aus übrig gebliebenen Bruchsteinen bildet im gezeigten Beispiel eine attraktive Ergänzung, die das Bild in sich stimmig macht.

Schon nach einem Jahr hat sich die Vegetation im und am Teichbecken prächtig entwickelt

Folienteiche anlegen

Ein Vorteil des Folienteiches ist, dass es keine Einschränkungen bei Form und Größe gibt. Er passt sich individuellen Wünschen und Gegebenheiten an

Berechnung und Kauf der Teichfolie

Bei der Anlage eines Folienteiches empfiehlt es sich, die Folie erst dann einzukaufen, wenn die Grube bereits ausgehoben ist. Mithilfe von Schnüren, die Sie längs und quer in die Mulde hineinlegen, lässt sich feststellen, wie lang und breit die Folienabdeckung sein muss. Rechnen Sie sowohl in der Länge als auch in der Breite noch zweimal 50 cm Überstand für die Ränder hinzu.

Wenn Sie die Folie bereits vor dem Grubenaushub kaufen wollen oder müssen, richten Sie sich nach der folgenden Formel: Teichlänge/Teichbreite + zweimal geplante Teichtiefe + zweimal 50 cm für den Rand = Folienlänge/Folienbreite.

Ein kleines Beispiel: Planen Sie einen Teich von 4 m Länge, 3 m Breite und 80 cm Tiefe, so brauchen Sie eine Folie von etwa 6,6 m x 5,6 m.

Wer seinen Gartenteich durch einen attraktiven Bachlauf ergänzen möchte, kann auch hier mit Folie arbeiten und ein absolut naturgetreues Bachbett formen

So vermeiden Sie Wasserverluste am Folienrand

Um Wasserverluste durch Kapillarwirkung zu vermeiden, wird die Folie zwischen den Ufersteinen senkrecht hochgeführt: kein Kontakt zwischen Erdreich und Wasser

Teichfolien werden von den führenden Herstellern in den Breiten 2, 4, 6 und 8 m als Rollenware angeboten. Wenn Sie Ihren Teich planen, sollten Sie diese Maße im Hinterkopf haben, damit nachher nicht unnötiger Verschnitt anfällt.

Reicht die übliche Maximalbreite von 8 m für Ihr Teichprojekt nicht aus, fragen Sie Ihren Händler, ob er auch speziell angefertigte Sondermaße liefert.

Wie bei der Anlage eines Fertigteichs wird auch beim Folienteich zuerst der Umriss abgesteckt. Dann können Sie mit dem Ausheben beginnen. Erfolgt der Aushub auf einem Rasenstück, so legen Sie die Grassoden vorsichtig zur Seite. Einen Teil davon können Sie später noch verwenden, um den Teichrand abzudecken. Der anfallende Aushub lässt sich eventuell noch für die Anlage eines Hügels oder Hochbeetes verwenden. Jeder Teich sollte an seiner tiefsten Stelle mindestens 60, besser aber 80 cm Wassertiefe haben. Heben Sie die Mulde also auch bei einem Folienteich entsprechend tief aus. Da sich beim Folienteich ebenfalls ein Sandbett empfiehlt, geben Sie bei der Aushebung noch etwa 10 cm zu. Weitere zusätzliche 5 bis 10 cm sollten Sie für den Bodengrund einplanen, der keinesfalls unbedeckt bleiben sollte. Hierfür eignet sich am besten gewaschener Kies. Verwenden Sie aber auf keinen Fall nährstoffreichen Mutterboden, da dieser sich negativ auf das ökologische Gleichgewicht des Teichs auswirken würde.

Auch bei Folienteichen muss unbedingt eine Sumpf- und Flachwasserzone angelegt werden, die ins Wasser gefallenen Kleintieren die Möglichkeit gibt, sich wieder zu befreien und ans Trockene zu gelangen.

Aber auch für Vögel sind Flachwasserbereiche immer ein willkommener Platz zum Baden und Trinken. Die Sumpf- und Flachwasserzone sollte ca. 20 bis 50 cm breit sein und mindestens ein Viertel der gesamten Teichfläche ausmachen (siehe Zeichnung Seite 220).

Teichfolie verarbeiten

1 Neben der Gartenlaube soll ein kleiner Teich entstehen. Mit einer Harke wird die bereits ausgehobene Mulde geebnet

2 Damit die Folie nachher gut abgepolstert ist, erhält die Grube ein Sandbett. Ebenso gut eignet sich spezielles Teichvlies

3 Dann breitet man die Teichfolie aus. Je wärmer die Außentemperaturen, desto weicher und geschmeidiger ist die Folie

4 Ist das Wasser eingelassen, geht es an die Randgestaltung. Die Ränder der Folie werden abgedeckt oder eingegraben

Teichfolie macht individuelle Lösungen möglich

1 Da der Teich hier über der Geländehöhe liegt, wurde nur wenig gegraben. Mit dem Aushub modelliert man die Böschung

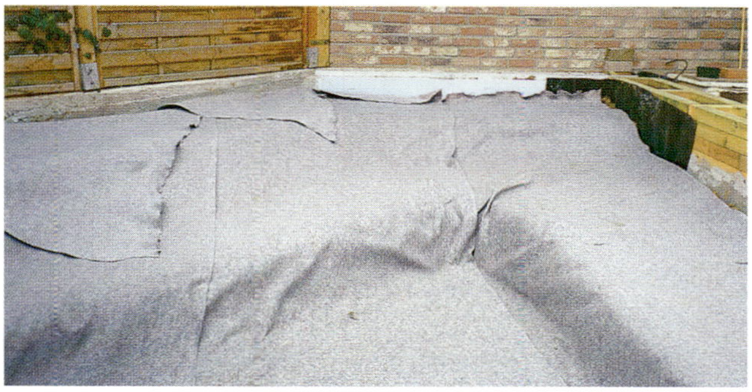

2 Polster für die Folie: Falls vorhanden, können Sie statt Vlies beispielsweise auch alte Teppichbodenreste verwenden

3 Bei größeren Teich-Projekten braucht man stets mehrere Helfer. Vor allem beim Ausbreiten der sehr schweren Folie

4 Anschließend wird der Bodengrund aufgebracht. Verwenden Sie hierzu Sand oder Betonkies, den Sie dünn verteilen

5 Bei der Abdeckung der Folie mit Bodengrund und Matten arbeitet man sich vom Tiefwasserbereich zur Uferzone vor

6 Nun kann die Tiefwasserzone schon befüllt werden. Für die Seerosen stehen schon mehrere große Pflanzkübel bereit

Überprüfen Sie die Ebenmäßigkeit der Ränder

Überprüfen Sie nach dem Abschluss der groben Erdarbeiten unbedingt, ob der Teichrand an allen Stellen auf der gleichen Höhe liegt. Meist können Sie hier wie bei den Fertigteichen mit Richtscheiten und Wasserwaage arbeiten. Ist der Teich dafür jedoch zu groß, müssen Sie eine Schlauchwaage zu Hilfe nehmen.

Beim Anlegen eines Folienteiches ist es besonders wichtig, dass das vorbereitete Profil sorgfältig von Steinen, Wurzeln und anderen spitzen Gegenständen befreit wird. Zwar sind die modernen Folien extrem reißfest, aber man sollte die Leistungsfähigkeit des Materials nicht unnötig herausfordern. Als Alternative zum bereits erwähnten Sandbett können Sie auch ein für Folienteiche geeignetes Polstervlies als Unterlage auflegen.

Beachten Sie, dass die Folie umso weicher und geschmeidiger wird, je wärmer es ist. Man sollte eine Teichfolie aus diesem Grund unbedingt an einem sonnigen Tag bei mindestens 15 °C verlegen. Die Folie passt sich bei Sonnenwetter optimal der vorbereiteten Teichmulde an.

Breiten Sie die Folie gleichmäßig über der Mulde aus. Sobald Sie den Grund mit Kies bedeckt und ein wenig Wasser eingelassen haben, drückt sie sich von selbst fest an den Untergrund.

Während das Wasser langsam steigt, können Sie die Böschungen mit Kokos- oder Kunststoffmatten belegen, auf denen verschiedene Pflanzen Halt finden. Legen Sie jeweils passend zur Wassertiefe entsprechende Pflanzzonen an. Ist die Teichmulde komplett mit Wasser gefüllt, sollten Sie die überstehende Folie in den Randbereichen noch nicht sofort abschneiden. Eventuell setzt sich der Untergrund noch ein wenig, und die Folie rutscht leicht nach. Sind ein paar Tage vergangen, können Sie die Überstände jedoch unbesorgt entfernen. Die Randgestaltung bildet den Abschluss.

Bachläufe lassen Wasser fließen

Fließendes und plätscherndes Wasser hat seinen besonderen Reiz. Aus Folienresten und Steinen ist ein Bachlauf schnell gebaut

Teichfolie ist der ideale Baustoff für naturnah angelegte Bachläufe. Man kann abgestufte Ebenen schaffen und das Wasser über Felssteine plätschern lassen

Einen Bachlauf anlegen

1 Das erste Folienstück wird unter die Folie des oberen Quellteiches geschoben, dessen Ufer dort etwas abgesenkt werden muss

2 Schritt für Schritt wird das Bachbett gegraben und modelliert, dann legt man die Folie ein und fixiert sie mit Steinen

3 Das letzte Folienstück wird zugeschnitten und im Bereich des Einlaufs über die Folie des Hauptteiches gelegt

4 Aus großen Findlingen lassen sich Kaskaden formen, über die das Wasser des Bachlaufs später lebhaft plätschert

Ein aus Folie gebauter Bachlauf im Schnitt

Schematische Darstellung eines künstlichen Bachlaufs: Die Pumpe im unten gelegenen Hauptteich fördert das Wasser in den höher liegenden Quellteich

Bachlauf aus überlappend verlegter Teichfolie

Die Arbeitsfotos auf der gegenüberliegenden Seite zeigen, wie ein künstlicher Bachlauf aus Teichfolie gebaut wird. Bei dem in Hanglage gebauten Haus schließt sich ein kleiner Quellteich direkt an die Terrasse an. Etwas tiefer ist der Hauptteich gelegen. Eine Pumpe fördert später das Wasser kontinuierlich von unten nach oben. Zwischen den beiden Teichbecken wird aus überlappenden Folienstücken, die zusätzlich miteinander verschweißt werden, der Bachlauf geformt. Das erste Folienstück wird unter die Folie des Quellteiches geschoben. Man muss das Ufer des Teichbeckens an dieser Stelle etwas absenken, sodass der Anfang des Bachlaufs gleichzeitig den Überlauf des Quellteiches darstellt. Die Rinne des Bachlaufs wird so geformt, dass das nach unten strömende Wasser nicht seitlich versickern kann. Ist die Bachstrecke lang genug, bietet es sich an, kleine Mulden oder Tümpel anzulegen, in denen sich das Wasser sammelt. Solche Abstufungen sehen nicht nur gut aus, sondern bieten Vögeln auch hervorragende Möglichkeiten zu baden und zu trinken.

Während des Bachbaus lässt man das Wasser am besten immer wieder einmal laufen, um zu kontrollieren, wie es fließt, und um zu verhindern, dass es seitlich über den Folienrand läuft und versickert. Ist das Bachbett komplett mit Folie ausgekleidet, beginnt der Ausbau mit größeren und kleineren Steinen. Dabei soll das Wasser bereits kontinuierlich fließen. Man baut Kaskaden ein, über die das Wasser sich plätschernd ergießt. Zuletzt wird die Folie komplett mit kleinen Kieseln abgedeckt.

Wer nicht so viel Platz hat und sich den Bachbau erleichtern will, greift auf vorgefertigte Kunststoffelemente zurück, die der Fachhandel anbietet. Ihre Oberfläche ist steinfarben, oft auch besandet. Man schichtet die Elemente so auf, dass das Wasser vom obersten Quell-Modul über beliebig viele Etagen schließlich bis in den als Quelle dienenden Teich fließt.

Besonders leicht lassen sich Bachläufe aus fertig gekauften Formteilen anlegen. Das oberste Element dient dabei als Quellstein

Brücken für den Wassergarten

Brücken im Wassergarten sind nicht nur eine Zierde, sie erlauben es dem Betrachter auch, ganz nahe an die Wasserflächen heranzukommen

An der schmalsten Stelle geht eine Holzbrücke über den Gartenteich

Steinbrücken sind dauerhaft, hoch belastbar und trittsicher

Oft bietet es sich an, einen Teich oder Bachlauf so anzulegen, dass der Weg durch den Garten die Wasserfläche kreuzt. In diesem Fall muss eine passende Brücke her. Im Fachhandel bekommen Sie die verschiedensten Brücken fertig zu kaufen. Besonders solide sind Steinbrücken beispielsweise aus Granit. Dieses Material ist aber relativ teuer. Zudem muss eine Steinbrücke in der Regel wegen ihres enormen Gewichtes mit dem Lkw angeliefert und vor Ort von mehreren Helfern verlegt werden.

Selbst gebaute Holzbrücke für Teiche oder Bachläufe

Legt das Wasser des Gartenteiches oder eines zufließenden künstlichen Bachlaufs ein gutes Stück unter dem Bodenniveau, ist ein passender Steg leicht gebaut. Man legt dazu zwei tragende Balken auf geeignete Fundamente (z. B. Gehwegplatten oder Punktfundamente mit Pfostenschuhen), schraubt Querbretter darauf, und schon ist die Brücke begehbar. Falls gewünscht, konstruiert man noch ein einseitiges oder zweiseitiges Geländer. Dazu werden senkrechte Pfosten an die Lagerbalken geschraubt und ein Handlauf befestigt.

Besonders elegant wirken allerdings leicht nach oben gewölbte Brücken. Hierzu braucht man entsprechend geschweifte Lagerbalken. Diese werden aus schichtverleimtem Holz hergestellt. Man findet solche Balken

Die Granitbrücke aus einem Stück überquert einen kleinen Bach

Holzstege aus Lagerbalken und Querbrettern sind schnell gebaut

im Sortiment großer Anbieter von Gartenhölzern. Die passenden Auflagebretter und den Handlauf kann man sich selbst zuschneiden. Wer ganz auf Nummer Sicher gehen will, kauft sich einen kompletten Bausatz für eine Brücke und schraubt die Teile dann nur noch zusammen.

Im hier gezeigten Montagebeispiel wurden Brückenbögen und Handlauf fertig gekauft und die Bodenbretter passend dazu zugeschnitten. Das Material ist witterungsbeständiges Western-Red-Cedar-Holz. Es braucht keine Schutzlasur. Nur zur optischen Auffrischung kann man das Holz lasieren, wenn es mit der Zeit ein wenig grau geworden ist. Wichtig ist, dass die Brücke feste Auflagepunkte hat und das Geländer gut verankert wird. Kleinkinder dürfen aber niemals allein über die Gartenbrücke gehen. Es besteht Lebensgefahr!

Montage der Brücke

1 Das Material: links Handlauf mit senkrechten Pfosten, Mitte geschweifte Brückenbalken, rechts die Bohlen für Bodenbretter

2 Bodenbretter zum Ablängen anreißen. Bei 25 mm Dicke sollte eine Breite von 100 cm nicht überschritten werden

3 Eine Kapp- und Gehrungssäge ist das ideale Werkzeug zum Ablängen der Bretter. Ein guter Fuchsschwanz ist auch geeignet

4 Auf der Oberseite der Brückenträger zeichnet man den Scheitelpunkt an und markiert die Positionen der Bodenbretter

Montage der Brücke

5 Mit etwa 2 cm seitlichem Überstand werden die Bretter befestigt. Am besten unsichtbar von unten mit Metallwinkeln

6 Fixieren kann man die fertige Brücke durch Holzschrauben, die man an den Auflagerpunkten einbetoniert oder andübelt

TIPP: Auflagepunkte vorbereiten

Vor dem jeweiligen Ende des Pflasterweges werden Auflagepunkte für die Enden der Brückenträger betoniert. Man gräbt etwa 30 cm tiefe Löcher (A), füllt etwas Beton ein und stellt einen Pflasterstein senkrecht in den Beton. Dann das Loch mit weiterem Beton füllen (B) und oben schließlich einen zweiten Pflasterstein in der gewünschten Höhe ausrichten (C).

Bau des Geländers

1 Die Pfosten für den Handlauf der Holzbrücke bestehen aus drei Teilen. Sie werden zu einem Doppel-T zusammengefügt

2 Stockschrauben mit rechts und links gleichgehendem Gewinde dienen zur unsichtbaren Verbindung der Elemente

3 Sicheren Halt am Boden bekommt der Handlauf durch einbetonierte Pfostenschuhe. Dafür Punktfundamente gießen

4 Man schiebt die Pfosten ein, richtet sie aus und verschraubt sie dann. Zuletzt den Handlauf auflegen und verschrauben

Praktische Schwimmteiche

Wo ein großer Gartenteich geplant ist, stellt sich die Frage, ob man nicht gleich einen Schwimmteich als Alternative zum üblichen Pool bauen soll

Der große naturnah angelegte Folien-Schwimmteich schließt sich an die Holzterrasse des Gartenhäuschens an

Komfortabel sind Badeleitern, die von der Terrasse aus benutzt werden können

Der Bau eines Schwimmteiches mit großem Pflanzenbiotop ist bereits bei der Haus- und Gartenplanung oder vor der Grundstücksgestaltung zu überlegen. Dann bestehen noch Zufahrtsmöglichkeiten für große Baumaschinen wie Bagger und Lkw. Damit lassen sich aufwändige und mühsame Grabarbeiten von Hand oder mit einem Minibagger ersparen.

Schwimmteichbau mit Folie

Grundsätzlich ähnelt der Bau eines Schwimmteiches dem eines normalen Gartenteiches. Man sieht einen Einstieg beispielsweise von einer Holzterrasse aus vor, der direkt in den Tiefwasserbereich führt. Im Schwimmbereich sollte man möglichst nicht auf dem Teichboden stehen. Das wirbelt unnötig Schwebstoffe auf und kann bei starken Punktbelastungen auch zu Beschädigungen der Folie führen. Am besten deckt man den Teichboden mit großen Kieseln ab, welche die Folie schützen. Rund um den Schwimmbereich sollte der Teichboden dann sanft ansteigen und in Abstufungen bepflanzt werden. Nur ein ausreichend breiter Pflanzbereich sorgt dafür, dass das Wasser im Schwimmteich dauerhaft klar bleibt.

Die Teichfolie wird als ganzes Stück bei einem Hersteller bestellt. Dafür sind genaue Maßangaben und Skizzen vom Teichgrundriss sowie vom Querschnitt nötig. Zur tatsächlichen Länge und Breite des Teichbetts sind an beiden Seiten jeweils mindestens 50 cm hinzuzugeben. Der Hersteller fertigt anhand der Maßangaben und der Skizzen aus Teilstücken die entsprechende Folie in der benötigten Größe an. Sie wird nach einem bestimmten Schema systematisch aufgerollt und dann per Express versandt. Auf der Baustelle lässt sich die schwere Rolle mit mehreren Helfern oder, falls vorhanden, per Bagger an das vorbereitete Teichbett befördern. Dabei ist die Kennzeichnung auf der Folienverpackung zu beachten. Sie zeigt, wie die Folie entfaltet und ausgerollt werden muss.

Erfahrene Fachfirmen geben Garantie

Mancher Selbstbau eines Schwimmteiches hat schon zu unbefriedigenden Ergebnissen geführt. Daher fährt man besser, wenn man eine Fachfirma mit dem Bau beauftragt. Dann kann man sicher gehen, dass die bestellte Folie genau passt und auch die Wasserqualität stimmt. Häufig muss nämlich eine Filteranlage installiert werden, weil die Pflanzen allein das Wasser nicht ausreichend algenfrei halten können.

Am besten schauen Sie sich Referenzobjekte des betreffenden Anbieters an. Sprechen Sie die Nutzer auf ihre konkreten Erfahrungen hinsichtlich Form und Größe des Schwimmteichs an. Denken Sie auch an die Sicherheit von Kindern, die den Schwimmteich im Sommer nutzen wollen. An heißen Tagen bietet ein Badeteich im eigenen Garten jederzeit die Möglichkeit zur Abkühlung. Die Kinder müssen nicht weit zum nächsten Badesee oder Freibad fahren, sondern erreichen den Schwimmteich mit wenigen Schritten über die Terrasse. Allerdings kommt der Teichbau aus Sicherheitsgründen erst dann an die Reihe, wenn alle Kinder schwimmen können und keine Kleinkinder mehr gefährdet sind.

Selbstverständlich bleiben die Grünzonen vom Badebetrieb ausgeschlossen. Zu den Baderegeln gehört außerdem: wasserlösliche Sonnencremes vor dem Eintauchen ins Wasser in einem separaten Becken abduschen.

Hier führen Steinstufen zum Schwimmbereich – diese sind allerdings oft rutschig

Bepflanzung des Gartenteichs

Soll das Wasser des Gartenteichs sauber und kristallklar bleiben, benutzt man nährstoffarmes Substrat und setzt nährstoffzehrende Pflanzen ein

Wenn Sie einen Gartenteich mit klarem Wasser und einem gesunden biologischen Gleichgewicht haben wollen, müssen Sie in erster Linie darauf achten, dass kein Überschuss an Nährstoffen entsteht. Aus diesem Grund muss bei der Bepflanzung des Teiches die Grundregel befolgt werden werden, keine nährstoffreichen Substrate zu verwenden. Gelangen mit den Substraten zu viele organische Stoffe in das Gewässer, kann das verheerende Folgen haben, die schnell sichtbar werden. Das anfangs klare Teichwasser verwandelt sich nach und nach in eine graugrüne, lichtundurchlässige Brühe. Verantwortlich hierfür sind die Algen, die aufgrund des üppigen Nährstoffangebots unaufhaltsam wachsen. Algengetrübtes Teichwasser sieht nicht nur unschön aus, sondern bewirkt auch, dass die Unterwasserpflanzen weniger Licht

In Gartencentern wird eine breite Auswahl an Wasserpflanzen für den Gartenteich in kleinen Containern angeboten

Das Pflanzsubstrat vorbereiten

1 Als Bodengrund im Folienteich eignet sich frischer Sand oder Kies ohne organische Bestandteile am besten

2 Für Pflanzmulden und -gefäße mischt man ein nährstoffarmes Substrat unter Zugabe von Sand oder Kies

3 Wenn Sie gekauftes Wasserpflanzensubstrat verwenden, können Sie es noch ein wenig mit Sand oder Kies abmagern

4 Hier wurde ein Sumpfbeet zur Bepflanzung mit Schwertlilien vorbereitet. Das Substrat hat einen hohen Torfanteil

bekommen. Sie sterben ab und verwandeln sich in Faulschlamm, der sich auf dem Boden absetzt. Der Sauerstoffgehalt des Wassers sinkt, wodurch Kleinlebewesen absterben, die zuvor für den Abbau organischer Substanzen zuständig waren. Ist dieses Stadium erreicht, ist der Teich nicht mehr zu retten. Er „kippt um" und kann nur noch ausgeräumt und komplett neu angelegt werden.

Wasserpflanzen kommen mit sehr mageren Substraten aus, da sie ihre Nährstoffe vor allem aus dem Wasser ziehen. In der Tiefwasserzone brauchen Sie übrigens kein Substrat einzubringen. Seerosen und Unterwasserpflanzen setzen Sie in Pflanzkörbe, die Sie einfach auf den Becken- oder Foliengrund stellen.

Grobkies ist ideal für den Teichboden

Wollen Sie Zierfische halten, ist es jedoch sinnvoll, den Boden mit einer Schicht aus gewaschenem grobem Kies zu bedecken, was verhindert, dass die Fische ständig den abgelagerten Bodenmulm aufwirbeln. In den Hohlräumen zwischen den Kieselsteinen finden außerdem Kleinlebewesen Unterschlupf.

Ein weiterer Pluspunkt einer Kiesschicht ist die Vergrößerung der Bodenoberfläche. Ablagerungen mit organischen Substanzen verteilen sich besser und können so von den Mikroorganismen leichter abgebaut werden. Statt Faulschlamm bildet sich mineralisches Material, das die Wasserpflanzen wiederum als Nährstoffe aufnehmen.

Das Pflanzsubstrat richtig vorbereiten

Wer sicher gehen will, dass er mit dem Einsetzen der Pflanzen nicht zu viele Nährstoffe ins Teichwasser mit einbringt, sollte im Fachhandel ein fertig angemischtes Erdsubstrat für Wasserpflanzen kaufen. Wenn Sie das Substrat strecken wollen, so mischen Sie es im Verhältnis 1:1 mit Sand.

Auch Lehm ist geeignet, lehmhaltige Erde dagegen nicht. Der immer wieder zu hörenden Empfehlung, man könne lehmhaltige Erde aus den untersten Bereichen des Bodenaushubs als Wasserpflanzensubstrat verwenden, sollten Sie nicht trauen. Auch in tieferen Bodenschichten sind meist noch viele Nährstoffe enthalten.

Bringen Sie das Substrat in den zu bepflanzenden Zonen in einer 5 bis 10 cm hohen Schicht auf. Auch die Pflanzkörbe füllen Sie bis zu dieser Höhe mit Substrat. Die Pflanzkörbe bieten neben dem sparsamen Substrateinsatz noch den Vorteil, dass sich die Pflanzen in der Tiefwasserzone nicht ungehindert ausbreiten. Die mit gelochten Wänden versehenen Gefäße werden zunächst mit wasserdurchlässigem Tuch oder Vlies ausgelegt, das Sie im Fachhandel erhalten. Sind die Körbe auf diese Weise ausgekleidet, kann das Substrat nicht ausschwemmen.

Befüllen Sie die Körbe dann mit Substrat und setzen Sie die Pflanzen ein. Eine oben aufgelegte Schicht aus Kieselsteinen dient gleichzeitig der Fixierung wie der Beschwerung. Schneiden Sie nun noch das überstehende Pflanzentuch ab. Dann kann man die Körbe ins Wasser setzen.

Böschungen bepflanzen

An den Böschungskanten sollten Sie Steinreihen verlegen, damit das Substrat an Ort und Stelle bleibt und nicht in tiefere Zonen abrutscht. An besonders steilen Böschungen empfiehlt sich der Einsatz von Kokos-Böschungsmatten mit integrierten Pflanztaschen. Die Pflanzen werden mitsamt dem Substrat in die vorbereiteten Taschen gesetzt und haben so auch an steilen Ufern optimalen Halt.

Teichbepflanzung

1 Hier wird ein Blutweiderich eingesetzt, der als Container-Pflanze bereits vorgezogen war. Er wächst problemlos an

Teichbepflanzung

2 Pflanzen, die nicht in speziellen Körben stehen, müssen durch Kiesel fixiert werden, damit sie nicht aufschwimmen

3 Pflanzkörbe vorbereiten: Damit das Substrat nicht ausgeschwemmt wird, zunächst das Gefäß mit Pflanztuch ausschlagen

4 Überstehendes Pflanztuch abschneiden und die Teichpflanze in den Korb setzen. Mit sehr nährstoffarmem Substrat auffüllen

5 Der Pflanzkorb wird an der vorgesehenen Stelle abgesenkt. Die Teichpflanze kann sich nicht ungehindert ausbreiten

Schwertlilien fühlen sich in der Sumpf- und Uferzone des Gartenteichs wohl und präsentieren im Frühjahr prächtige Blüten

Wenn im Gartenteich ein gesundes und ausgewogenes Nährstoffangebot herrscht, sieht man üppig grüne Uferpflanzen bei klarem Wasser

Die schönsten Wasserpflanzen

Das Angebot an Teichpflanzen ist riesig. Für jede Wasserzone muss man die richtigen Arten auswählen, die sich dort dauerhaft wohlfühlen

Der Fachhandel bietet heute alle heimischen Wasserpflanzen für die private Teichgestaltung an. Wer nur einen kleinen Teich bestücken muss, kommt beim Pflanzenkauf noch mit einem überschaubaren Budget aus. Geht es um ein größeres Teichprojekt, kann die Anschaffung der Pflanzen dagegen leicht sehr kostspielig werden. Als Alternative bietet sich an, mit anderen Teichbesitzern Kontakt aufzunehmen, deren Teich so stark bewachsen ist, dass sie ihn auslichten müssen. Auf diese Weise erhält man oft schön gewachsene

Seerosen mit ihren Blüten sind eine Zierde für jeden Gartenteich

Die verschiedenen Teichzonen

*„**A**" kennzeichnet die teils geflutete Sumpfzone, „**B**" die ständig feuchte bzw. geflutete Flachwasserzone und „**C**" die Tiefwasserzone mit 60 bis 100 cm Tiefe*

Pflanzen zum Nulltarif. Dass Sie keine Pflanzen aus der Natur entnehmen, sollte selbstverständlich sein. Solche Raubzüge sind verboten und können, wenn es sich bei der „Beute" um geschützte Arten handelt, auch zu empfindlichen Strafen führen. Material zur Teichbepflanzung können Sie auch schon besorgen, wenn der Teich noch nicht angelegt ist. Übergangsweise lassen sich die Pflanzen in wassergefüllten Kübeln aufbewahren. Versuchen Sie, größere Büschel von Pflanzen in möglichst viele einzelne Pflanzen zu zerteilen. Wasserstauden wie Seerosen, Wasserschwertlilien oder Kalmus nehmen es nicht übel, wenn man mithilfe eines Messers aus einer Pflanze mehrere macht. Doch auch Uferpflanzen und Gräser sind nicht sehr empfindlich. Wenn Sie die Einzelpflanzen in regelmäßigen Abständen in die vorbereiteten Pflanzzonen setzen, erhalten Sie meist schon nach kurzer Zeit einen gleichmäßigen und üppigen Bewuchs. Ist der Teich noch nicht fertiggestellt, lassen sich die Einzelpflanzen gut in mit Folie ausgeschlagenen Obsthorden aufbewahren. Die bepflanzten Töpfe oder Körbe werden einfach hineingestellt, woraufhin man die Kisten mit Wasser auffüllt. Da sich die geringen Wassermengen in solchen Anzuchtkisten schnell erwärmen, wird das Wachstum zusätzlich begünstigt.

Seerosen lassen sich gut in Baueimern ziehen, die man halb mit Substrat befüllt. Den oberen Abschluss des Substrats bildet eine Kiesschicht. Dann den Eimer bis zum Rand mit Wasser füllen. Beginnen Sie mit der

Zucht der Seerosen am besten im Frühjahr. Haben die Blätter die Wasseroberfläche erreicht, kann man Sie mitsamt Eimer in den Teich setzen.

Die richtigen Pflanzen für jede Wasserzone

Bei der Platzierung der Wasserpflanzen im Teich ist unbedingt darauf zu achten, dass man die Pflanzen in der richtigen Zone ansiedelt, wo sie die für ihre Art optimalen Wachstumsbedingungen vorfinden.

Zu unterscheiden sind die folgenden Bereiche:
- die teilweise geflutete Feuchtzone,
- die stets feuchte bzw. geflutete Sumpf- und Flachwasserzone,
- die Tiefwasserzone.

Pflanzen, die sich in 0 bis 10 cm Wassertiefe wohl fühlen, sind am besten in der Feuchtzone untergebracht, während man Pflanzen, die mit 10 bis 30 cm Wassertiefe zurechtkommen, vorzugsweise in die Sumpf- und Flachwasserzone setzt. Der Tiefwasserbereich ist Schwimm- und Schwimmblattpflanzen vorbehalten, die eine Wassertiefe von 30 bis 80 cm brauchen, um richtig gedeihen zu können. Die Zeichnung auf der gegenüberliegenden Seite zeigt einen Gartenteich mit den drei verschiedenen Pflanzzonen im Querschnitt. Achten Sie bei der Bepflanzung Ihres Gartenteiches darauf, dass Sie für eine große Pflanzenvielfalt sorgen.

Je reichhaltiger sich die Flora in und um Ihren Teich gestaltet, umso vielfältiger wird die Lebensgemeinschaft an Tieren sein, die das Gewässer bevölkert.

Aus optischen Gründen sollten Sie die verschiedenen Gewächse jedoch nicht bunt durcheinander, sondern in Gruppen anpflanzen. Auf diese Weise entsteht ein harmonischeres Bild, und die Gefahr, dass schnellwüchsige Pflanzen kleinere unterdrücken, ist sehr gering. Wichtig für die Optik ist auch, dass Sie die Pflanzen vom Beobachtungspunkt so ansiedeln, dass höhere Gewächse im Hintergrund stehen und nicht die Sicht auf kleinere Pflanzen versperren. An der Seite, von der man auf den Teich blickt, sollte die Bepflanzung sich auf niedrige Wasserpflanzen beschränken, die man zudem sehr sparsam einsetzt.

Sumpfdotterblume

Caltha palustris; Ranunculaceae

Merkmale

Neben Wasserschwertlilien macht sich die Sumpfdotterblume als willkommener Frühblüher bemerkbar. An Bächen breitet sich diese mehrjährige winterharte Blütenstaude gelegentlich wild aus. Sie kommt in Europa, Asien und Nordamerika vor. Die dottergelben Blüten öffnen sich im März/April. In Kultur sind auch weiße Sorten zu finden. Obwohl Sumpfdotterblumen vorzugsweise am Wasser wachsen und ein wechselfeuchtes Milieu am besten vertragen, nehmen sie auch gelegentliche Trockenheit hin. Die Ansiedlung ist allein wegen des

Die Sumpfdotterblume blüht schon ab März. Sie liebt wechselfeuchte Standorte

Der interessante Tannenwedel wächst über und unter der Wasseroberfläche

frühen Flors empfehlenswert. Nach der Blüte, die nur wenige Wochen anhält, passt sich die Sumpfdotterblume der übrigen Ufervegetation an. Die Sumpfdotterblume ist völlig winterhart und ausdauernd. Sie bildet üppige Bestände und ist eine pflegeleichte Uferstaude.

Tannenwedel

Hippuris vulgaris; Hippuridaceae

Merkmale

Diese Wasserstaude, die einer eigenen Familie und zwar den Tannenwedelgewächsen *(Hippuridaceae)* zugeordnet wird, ist in vielen Regionen der Erde, insbesondere in Europa, Nordasien und Amerika verbreitet. Sie wurzelt bis in einer Tiefe von etwa 50 cm im Teichgrund und treibt dunkelgrüne quirlige Triebe nach oben. Bei niedrigem Wasserstand ragen diese „Tannenwedel" senkrecht bis 50 cm in die Luft. Die vitale Staude breitet sich durch Wurzelausläufer aus. Die grünen Blüten sind unauffällig und ohne Zierwert. Der Tannenwedel ist völlig frosthart und pflegeleicht. Er trägt zur Sauerstoffproduktion bei.

Wasserschwertlilie

Iris pseudacorus; Iridaceae

Merkmale

Eine der wohl schönsten Wasserpflanzen, die in Europa, Vorderasien, Nordafrika und Nordamerika wild an Bächen, Flüssen und Seen vorkommt, ist die Wasserschwertlilie. Der botanische Name weist auf ihre Ähnlichkeit mit dem Kalmus *(Acorus*

Die Wasserschwertlilie ist robust und wächst in der Sumpfzone

calamus) hin. Die Blätter der Wasserschwertlilie sind jedoch geruchlos und bleiben oft bis in den Winter grün. Ihre gelben Blüten im Juni machen diese mehrjährige Flachwasserstaude unverkennbar. Die Wasserschwertlilie ist eine zuverlässig blühende, genügsame Flachwasserpflanze und bildet dichte Bestände bis 1 m Höhe.

Fieberklee

Menyanthes trifoliata; Menyanthaceae

Merkmale

Der Fieberklee, der früher als Heilpflanze unter anderem gegen Verdauungsstörungen, Appetitlosigkeit und Entzündungen diente, wird heute im Garten nur noch als Zierpflanze kultiviert. Die medizinische Nutzung ist Spezialbetrieben vorbehalten. Dank ihrer starken Ausläuferbildung hat sich diese mehrjährige Staude in vielen Regionen der nördlichen Hemisphäre angesiedelt.

Der Fieberklee breitet sich vor allem in Sumpfzonen aus, von wo er ins flache Wasser vordringt. Typisch sind die dreilappigen Blätter. Ebenso dekorativ wirken die großen, weißen Blütenstände, die sich im Mai/Juni entfalten. Fieberklee erreicht eine Gesamthöhe von etwa 30 cm und ist eine ausdauernde und pflegeleichte Flachwasserpflanze.

Fieberklee zeigt im Mai/Juni seine dekorativen weißen Blütenstände

Seerose

Nymphaea-Arten und -Sorten; Nymphaeaceae

Merkmale

Ein Teich ohne Seerosen ist wie ein Garten ohne Rosen. Die Fülle an Arten und Sorten bietet für jeden Teich und Geschmack etwas. Es gibt Wildarten wie die heimische Weiße Seerose *(Nymphaea alba)* und eine Reihe von weißen, gelben, roten oder rosafarbenen Züchtungen. Selbst in kleine Wasserbecken sind Zwergformen einsetzbar (z. B. N. alba 'Minor'). Wer es exotisch mag, bekommt in Spezialbetrieben auch blaue Sorten (z. B. 'Panama Pacific'). Seerosen zählen zu den ausdauernden Stauden. Sie bilden im Schlamm armdicke Wurzeln, die vom Frühjahr bis zum Herbst Blätter und Blüten an die Wasseroberfläche treiben. Im Winter ziehen sie ein und überdauern in den Wurzeln. Die Hauptblütezeit dauert etwa von Juni bis August. Ohne Zweifel gehört diese prächtige Blütenstaude zu den schönsten Wasserpflanzen; Seerosen sind ausgesprochen ausdauernde und genügsame Tiefwasserpflanzen.

Teichrose

Nuphar lutea; Nymphaeceae

Merkmale

Ein Seerosengewächs *(Nymphaeaceae)* aus heimischen Gewässern ist die Mummel oder Teichrose. Sie kommt gelegentlich in tiefen Buchten träger Flüsse oder in Teichen wild

Seerosen fühlen sich in der Tiefwasserzone des Gartenteiches zu Hause

Die Sorte 'Gloriosa' wartet mit prächtig gefärbten Blütenblättern auf

Die kugelförmigen gelben Blüten der Teichrose stehen über der Wasseroberfläche

vor. Hier verankert sie sich mit dicken Wurzeln im Schlamm und treibt neben großen Blättern gelbe Blüten bis 1,50 m an die Wasseroberfläche. Die Blütezeit dauert etwa von Juni bis August.

Die mehrjährige Schwimmblattpflanze steht bei uns unter Naturschutz. Außer in Europa gibt es auch in Vorderasien, Sibirien und Nordafrika nennenswerte Bestände. Teichrosen lassen sich nur in ausreichend tiefen Teichen ansiedeln. Hier brauchen sie einen schlammigen Grund und eine sonnige Lage. Zur Vermehrung kann man die Wurzeln im Frühling teilen.

Seekanne

Nymphoides peltata; Menyanthaceae

Merkmale

Die gelbblühende Seekanne sieht wie eine kleine Verwandte der Teichrose aus. Sie zählt jedoch zu den Fieberkleegewächsen *(Menyanthaceae)* und ist nur ganz entfernt mit Teichrosen verwandt.

Die schildartige Seekanne *(N. peltata)* kommt in seichten Gewässern mit einem Wasserstand von 30 bis 50 cm oder an Seerändern von Europa bis Ostasien wild vor.

Bei uns ist die Seekanne realiv selten und steht daher unter Naturschutz. Wie die Seerose wurzelt die Seekanne in schlammigem Boden und breitet sich mit Wurzelrhizomen aus. Die kleinen Blüten entwickeln sich von Juli bis September.

Die gelben Blüten der Seekanne zeigen sich im späten Sommer von Juli bis September

Oktober blaue Blütenähren hervor. Das Hechtkraut ist nicht ganz frosthart und wird am besten in einem Kübel im Haus überwintert. Während der Sommermonate braucht es einen sonnigen Platz im flachen Wasser, in der Feuchtzone eines Teiches oder in einem Wasserbecken.

Krebsschere (Wasseraloe)

Stratiotes aloides; Hydrocharitaceae

Merkmale

Eine sonderbare Schwimmpflanze, die in keinem Wassergarten fehlen sollte, ist die Krebsschere. Sie gehört zu den Froschbissgewächsen *(Hydrocharitaceae)* und kommt in Europa und Vorderasien wild vor. Das sternförmige Gebilde lässt im Juni/Juli schöne weiße Blüten in den Blatt-

Hechtkraut

Pontederia cordata; Pontederiaceae

Merkmale

Aus Nordamerika stammt eine Sumpfstaude, die vor allem wegen der blauen Blüten auch in europäischen Wassergärten angesiedelt wurde. Sie zählt zur Familie der Hechtkrautgewächse (nach dem Botaniker Pontedera) und ist in zwei Arten verbreitet (*P. cordata* und *P. lanceolata*). Die etwa 50 cm hohe mehrjährige Staude bringt aufrechte, löffelartige Blätter und von Juni bis

Das Hechtkraut mit seinen blauen Blüten ist nur in milden Gegenden winterhart

Ungewöhnlich: Im Winter sinkt die Krebsschere auf den Teichgrund ab

achseln aufblühen. Das Besondere aber ist ihr Verhalten: Sie sinkt im Herbst ab und überwintert auf dem Teichgrund. Im Frühjahr taucht sie dann wieder auf. Während der Saison vermehrt sie sich durch Brutpflanzen, sogenannte Kindel.

Blutweiderich

Lythrum salicaria; Lythraceae

Merkmale

Diese ausdauernde Staude wächst vorzugsweise in zeitweise überfluteten Wiesen. Sie lässt sich am Teichrand ansiedeln und bildet mit den Jahren einen dichten Bestand. Nach dem Winter bringt die Staude ein Büschel aus etwa 1 m hohen Trieben mit schmalen weidenartigen Blättern hervor. Im Sommer entfalten sich an den Triebenden leuchtend rote Blütenrispen. Daraus bilden sich Samen, die zur Vermehrung am Teich beitragen. Im Herbst stirbt die Staude nach einer attraktiven Herbstfärbung oberirdisch ab und überwintert im Wurzelstock. Sie ist völlig frosthart und verträgt es auch, wenn der Teich zufriert. Im Frühjahr nach dem Rückschnitt treibt sie wieder aus.

Rohrkolben

Typha-Arten; Typhaceae

Merkmale

Die Rohrkolben, die zu einer eigenen Familie *(Typhaceae)* gehören, haben

Der Blutweiderich ist eine attraktive Pflanze für den Uferbereich des Gartenteichs

ihren Namen von den braunen Blütenkolben, die sie im Juli/August entwickeln. Sie reifen im Herbst aus und zerfallen in unzählige Samen, die der Wind weit verbreitet. Die verschiedenen Arten sind auf der nördlichen Erdkugel und in Australien recht häufig. Sie tragen mit dem Schilf zur Verlandung von Gewässern bei.

Je nach Art erreichen diese sehr wüchsigen und ausdauernden Stauden eine Höhe von 50 cm bis 2 m. Die sehr wüchsige Wasserpflanze ist nur für große Teiche oder als Filterpflanze in Klärbecken geeignet. Sonst sollte sie nur eingedämmt kultiviert werden.

Rohrkolben breiten sich stark aus und gehören daher nur in große Teiche

Technik im Garten

Moderne Bewässerungstechnik

Strom im Garten sicher nutzen

Attraktive Gartenbeleuchtung

Technik am Gartenteich

Moderne Bewässerungstechnik

Wenn in längeren Trockenperioden regelmäßig gegossen werden muss, erleichtern Bewässerungssysteme die Versorgung der Pflanzen

Gießen mit System

Die Wildpflanzen unserer Breiten haben sich im Lauf der Zeit an die Wetterverhältnisse angepasst. Sie stehen auch längere Regenpausen ohne Schaden durch. Andere Arten helfen sich, in dem sie nach Grundwasser suchen. Bäume treiben ein mehrere Meter reichendes Wurzelwerk in den Boden. Auch die meisten Gartenpflanzen sind robuster, als man glaubt. Bäume und Sträucher versorgen sich wie die Wildpflanzen aus den grundwasserführenden Schichten. Sogar die Rasengräser und Polsterstauden treiben sehr tiefe Wurzeln und tolerieren längere

Ein auf die Größe des Gartens abgestimmter Schlauch erleichtert das Wässern von Pflanzen in Trockenphasen

Register

Wir danken den Experten, die in diesem Buch ihr Fachwissen zur Verfügung gestellt haben:

Peter Baruschke ist als Technik- und Test-Redakteur bei der Heimwerkerzeitschrift „Selbst ist der Mann" zuständig für Produkt-Tests unter anderem von Gartengeräten. Weitere Infos unter: www.selbst.de

Peter Himmelhuber ist als gelernter Landschaftsgärtner mit der Planung, Gestaltung und Pflege von Gärten beschäftigt. Zudem arbeitet er als Fachjournalist, Fotograf und Buchautor.

Leonard Rasaj arbeitet seit vielen Jahren als Gärtner. Zu seinem Aufgabengebiet gehören unter anderem die Anlage von Rasenflächen, die Pflanzung und Pflege von Gehölzgruppen und Staudenbeeten sowie die Ausführung von Pflaster- und Holzbauarbeiten.

Hildegard Stöckel hat in Berlin ein Studium als Gartenbau-Ingenieurin absolviert. Sie betreibt heute eine eigene Gärtnerei und lehrt Floristik in einer Berufsschule.

Bildquellennachweis

Fotografien:

Arbeitsgemeinschaft Pflasterklinker e. V., Bonn: S. 10 (1), 11 (1), 12, 13 (3), 16 (1), 17 (2), 18 (3), 26–32, 34–45, 53, 54, 66 (2); Bosch Elektrowerkzeuge, Leinfelden-Echterdingen: S. 17 (1); Gardena, Ulm: S. 233–235; Heissner AG, Lauterbach: S. 245, 249; Peter Himmelhuber, Regensburg: S. 77–78, 80–81, 85, 89 (1), 97, 99–100, 128–129, 151–152; Oase Wübker GmbH, Hörstel: S. 246; OBI, Wermelskirchen: S. 240, 242 (6), 243 (2); Osmo Holz und Color, Warendorf: S. 113–117, 121, 127, 130, 134, 135 (1), 137, 164–171, 193; Stein+Design Infodienst, Freiburg: S. 11 (1), 13 (1), 46–51, 62–64, 66 (2), 67, 71–72, 73 (1); Ubbink, Bocholt: S. 230, 236.
Alle anderen Fotos stammen aus dem Archiv des Autors, Hans-Werner Bastian, Brühl

Illustrationen:
Alle Malcolm Powell, Bergisch-Gladbach